L&PM POCKET ENCYCLOPAEDIA

Revolução Francesa

SÉRIE L&PM POCKET ENCYCLOPÆDIA

Budismo – Claude B. Levenson
Cleópatra – Christian-Georges Schwentzel
A crise de 1929 – Bernard Gazier
Cruzadas – Cécile Morrisson
Sigmund Freud – Edson Sousa e Paulo Endo
Geração Beat – Claudio Willer
Império Romano – Patrick Le Roux
Revolução Francesa – Frédéric Bluche, Stéphane Rials e Jean Tulard
Santos Dumont – Alcy Cheuiche

Próximos lançamentos:

Cabala – Roland Goetschel
Capitalismo – Claude Jessua
Egito Antigo – Sophie Desplancques
Escrita chinesa – Viviane Alleton
Existencialismo – Jacques Colette
História do vinho – Jean-François Gautier
História de Paris – Yvan Combeau
Islã – Paul Balta
Marxismo – Henri Lefebvre
Mitologia grega – Pierre Grimal
Tragédias gregas – Pascal Thiercy

Frédéric Bluche / Stéphane Rials / Jean Tulard

Revolução Francesa

Tradução de Rejane Janowitzer

www.lpm.com.br
L&PM POCKET

Coleção **L&PM** Pocket, vol. 760

Frédéric Bluche é diretor de conferências da Universidade Paris II Panthéon-Assas. *Stéphane Rials* é professor da Faculdade de Direito na Universidade Paris II Panthéon-Assas. *Jean Tulard* é professor emérito da Sorbonne e autor de várias obras.

Título original: *La Révolution française*

Primeira edição na Coleção **L&PM** POCKET: abril de 2009

Tradução: Rejane Janowitzer
Capa: Ivan Pinheiro Machado. *Ilustração*: *Tomada da Bastilha, 14 de julho de 1789* (óleo sobre tela, coleção do Museu do Palácio de Versalhes). © Rue des Archives/Tal
Preparação de original: Patrícia Rocha
Revisão: Elisângela Rosa dos Santos

CIP-Brasil. Catalogação-na-Fonte
Sindicato Nacional dos Editores de Livros, RJ

B62r

Bluche, Frédéric, 1951-
Revolução Francesa / Frédéric Bluche, Stéphane Rials, Jean Tulard; tradução de Rejane Janowitzer. – Porto Alegre, RS: L&PM, 2009.
144p. : – (Coleção L&PM Pocket; v. 760)

Tradução de: *La Révolution française*
ISBN 978-85-254-1867-8

1. França - História - Revolução, 1789-1799. I. Rials, Stéphane, 1951-. II. Tulard, Jean, 1933-. III. Título. IV. Série.

09-0387. CDD: 944.04
CDU: 94(44)"1789/1799"

Rua Comendador Coruja 314, loja 9 – Floresta – 90220-180
Porto Alegre – RS – Brasil / Fone: 51.3225.5777 – Fax: 51.3221-5380

Pedidos & Depto. comercial: vendas@lpm.com.br
Fale conosco: info@lpm.com.br
www.lpm.com.br

Impresso no Brasil
Outono de 2009

Sumário

Capítulo I
A pré-revolução

Em 1789, 28 milhões de franceses, camponeses em sua maior parte, vivem sob a monarquia. A dinastia capetiana[1] reina há oitocentos anos. A França é uma nação "organizada": a sociedade está dividida em classes – clero, nobreza, Terceiro Estado[2], sendo as duas primeiras privilegiadas – e articulada em corpos e comunidades (de ofícios, de habitantes). Apesar das desigualdades e dos entraves inerentes a uma estrutura dessas, o reino de Luís XVI, em termos relativos, é rico. A necessidade de reformas, entretanto, é percebida por todos, de diferentes formas e em graus variáveis. As idéias fervilham (ver capítulo III), embora o verdadeiro pensamento do Iluminismo[3] esteja difundido somente em um círculo estreito de leitores. Essas idéias são em parte contraditórias; uns e outros, quando reclamam por reformas, não estão falando das mesmas mudanças. O modelo ainda dominante na época quer que a monarquia se reforme por si, a partir do alto; provavelmente, ela não é mais capaz. De resto, qualquer veleidade reformista se choca contra graves oposições, sobretudo dos privilegiados; porém, paradoxalmente, é a contestação lançada por estes que vai servir de estopim à Revolução. A urgência da crise financeira vai soltar a trava do sistema e conduzir, de maneira bem pouco previsível, ao triunfo das soluções radicais, que apenas de forma imperfeita corresponderão à contribuição do Iluminismo.

1. Pertencente ou relativo à dinastia dos Capetos na França. (N.T.)
2. O Terceiro Estado compunha-se do povo em geral, os não-nobres. (N.T.)
3. Movimento filosófico e literário do século XVIII, caracterizado pela crença no poder da razão e da ciência como forças propulsoras do progresso da humanidade. (N.T.)

I – A crise do Estado monarquista

A França de 1789 sofre de diversos males, sendo o primeiro deles as fraquezas de seu governo.

1. **A monarquia absoluta** – A monarquia dos Bourbon é dita absoluta, ou seja, pura e sem vínculo. Tudo, na teoria, vem do rei e volta para ele; o rei não tem que prestar contas a não ser a Deus; a lei emana apenas de sua vontade; toda justiça é feita em seu nome. Contudo, a realidade é mais complexa: mesmo sem vínculo, a monarquia francesa não é sem limites; eles foram estabelecidos ao longo dos séculos pela tradição cristã e pelo costume. Quanto ao famoso "direito divino" dos reis, ele é vítima de uma época na qual, ao menos no espírito das elites, cada vez mais se dissociam o sagrado e o profano. O rei jamais governa só: é assistido por ministros e diferentes formações de seu Conselho (o "conselho" é, desde a Idade Média, um dos órgãos da monarquia francesa).

2. **Os obstáculos à ação administrativa** – A centralização, então em progresso, é muito imperfeita. O agente-símbolo, o intendente de justiça, polícia e finanças, não dispõe de uma burocracia suficiente; choca-se contra interesses particulares dos habitantes de sua comunidade, principalmente as elites locais, das quais por vezes ele se transforma em porta-voz...

> As diversidades regionais opõem-se à unificação do reino. Dialetos e patoás subsistem. A unificação do direito está em marcha há muito tempo, mas é lenta; o direito romano domina no sul da França, enquanto no norte o direito é consuetudinário[4], com cerca de 300 costumes diferentes. Pesos e medidas variam de uma província para outra, bem como a repartição do imposto. As alfândegas internas dificultam a circulação das mercadorias.

---

4. Direito consuetudinário: fundado nos costumes, na prática, e não nas leis escritas. (N.T.)

O principal obstáculo à ação dos agentes reais é a existência de privilégios – das províncias, das cidades, das classes, das corporações, dos indivíduos – concedidos no decorrer dos séculos. Por ser um país "sobrecarregado de privilégios", a França é também um país de liberdades. O patrimonialismo de grande parte de cargos públicos paralisa a autoridade do monarca sobre seus oficiais, que desfrutam de uma situação de grande independência: o rei, que conseguira vencer a feudalidade, deixou se desenvolver essa nova forma de dispersão do poder público.

O rei da França é menos obedecido do que muitos príncipes da Europa de seu tempo, déspotas esclarecidos que, menos respeitosos das tradições, utilizam com mais rudeza os métodos de governo imitados de Luís XIV.

3. **Luís XVI** – A tudo isso se acrescenta a personalidade de Luís XVI. Na ausência de um soberano enérgico, as rédeas do poder flutuam. Nascido em 1754, vítima de uma educação desastradamente fenelonista[5] para um futuro rei, o neto de Luís XV carece cruelmente de vontade e de autoconfiança. Benevolente, generoso, de uma piedade exemplar, preocupado em fazer tudo de forma correta, sobe ao trono a contragosto em 1774, com 19 anos. Passado o primeiro entusiasmo, causa decepção. Suas aspirações ao mesmo tempo conservadoras e progressistas se traduzem por constantes oscilações entre firmeza e fraqueza, o que encoraja intrigas no seio do ambiente político do qual sofre a influência e padece com as mesquinharias.

Quanto a sua esposa Maria Antonieta de Lorraine-Habsbourg, princesa de um certo nível – embora ela não tenha nenhum gosto pela etiqueta – e de uma aparente frivolidade devida à juventude, sofre do preconceito antiaustríaco que grassa na França desde a guerra dos Sete Anos. O famoso

5. Inspirada nas idéias de François de Salignac de la Mothe-Fénelon, arcebispo e escritor francês (1651-1715), de cunho místico e contemplativo. (N.T.)

caso do Colar[6] (1785), no qual sua inocência é completa, e diversos mal-entendidos condenaram-na diante da opinião pública. Os panfletos escandalosos, por vezes pornográficos, que atacam a rainha e, de maneira mais geral, o círculo real, contribuem para desacreditar não somente o poder político, como todo o Antigo Regime.

4. **Um calcanhar de Aquiles: os parlamentos** – Luís XVI sem dúvida cometeu um erro em novembro de 1774 ao restabelecer os parlamentos. Por serem cortes de justiça (delegada), os parlamentos se diziam os guardiões da lei e se aproveitavam de seus direitos de registro[7] e de advertência[8] para tentar controlar o governo real. Magistrados, proprietários de seus cargos em virtude do patrimonialismo das funções, os parlamentares ainda por cima pretendiam "representar" a nação. Sua oposição, que se confundia em parte com a contestação jansenista[9], envenenara a segunda metade do reinado de Luís XV; em 1771, o chanceler Maupeou substituíra-os por agentes contratados, que anunciavam a magistratura moderna. Restabelecidos por Luís XVI, os parlamentos se mostram mais calmos, mas vão despertar logo em seguida. Com pregações humanitárias que dissimulam a defesa de seus privilégios – conscientemente ou não, pois há jovens magistrados progressistas e alguns de espírito avançado –, os parlamentares levarão ao fracasso úteis reformas,

---

6. Embuste montado pela condessa de La Motte, ajudada por um aventureiro italiano. Os dois convenceram o cardeal de Rohan a comprar para a rainha um colar, que ele nunca chegou a pagar. (N.T.)

7. Cópia de um decreto real, feita pelo parlamento, que assim o confirma. (N.T.)

8. Direito de admoestação do rei a respeito dos inconvenientes de um determinado édito. (N.T.)

9. O jansenismo como movimento político originou-se do jansenismo teológico que, estimulado pela oposição dos religiosos da abadia de Port-Royal a Luís XIV, prolongou-se por todo o século XVIII. (N.T.)

atiçarão a revolta contra um "despotismo" que freqüentemente buscava melhorar a condição dos franceses e darão desse modo o primeiro impulso à Revolução.

II – A crise social do Antigo Regime

1. **Regime feudal ou Estado nobiliário?** – A sociedade do Antigo Regime é de uma extrema complexidade; contrastes, contradições e paradoxos são ainda vívidos em 1789, mas a divisão tradicional, de origem medieval, em três classes – clero, nobreza e Terceiro Estado – perdeu a maior parte de sua legitimidade.

> O Estado absolutista não é o apêndice de um suposto modo de produção feudal, apêndice que estaria inserido em um regime inalterado desde a Idade Média. Estado imperfeito, incompleto, convive com numerosos arcaísmos, como o estatuto feudal da terra, e tolera em proveito dos senhores alguns desmembramentos menos importantes de seu poder. O feudalismo como sistema está morto na França há muito tempo; o antigo vínculo feudo-vassálico, nervo da sociedade medieval, ocupa doravante um lugar dos mais marginais; o poder dos donos da terra, muito atenuado, comporta sobretudo uma dimensão relacionada ao rendimento, sob forma de foros feudais e senhoriais; é melhor, pois, falar, em relação à França do século XVIII, de um regime feudal-senhorial fraco que, tratando-se de um Estado, não dá mais o tom.
> Outro arcaísmo: esse mesmo Estado absolutista se deixa dominar, na segunda metade do século das Luzes, por representações nobiliárias. Desse ponto de vista, a pré-Revolução é caracterizada por uma degenerescência do aspecto *feudal-senhorial*, que passa a *nobiliário*. Chateaubriand bem observou: "A aristocracia tem três idades sucessivas – a idade da superioridade, a idade dos privilégios, a idade das vaidades; saída da primeira, degenera na segunda e se extingue na terceira". É assim que perdura, mesmo para muitos burgueses (em busca de ascensão social), e se exaspera em alguns nobres (em luta contra a dúvida) uma tendência à valorização da nobreza e de seu suposto modo de vida.

2. **As elites** – Além das divisões aparentes ou reais e da infinita diversidade dos estatutos, existe uma relativa homogeneidade e uma solidariedade ao menos objetiva entre as altas elites nobres e burguesas, as mais suscetíveis – praticamente as únicas – à mensagem intelectual do Iluminismo e nas quais domina a categoria dos proprietários de terras.

Diante das evoluções sociais do reino, as inabilidades da monarquia são incontáveis. Luís XIV, depois da Fronde[10], soubera disciplinar a alta nobreza e lhe restituir o sentimento de satisfação por sua posição, ao mesmo tempo consagrando a ascensão burguesa através de uma política de enobrecimento. Luís XVI, em pleno período de reação nobiliária, favorece excessivamente a "sua" nobreza. O alto clero, a alta magistratura, a aristocracia administrativa da "pena", a alta finança são quase que exclusivamente nobres. No exército, as reformas de Ségur[11] (1781) humilham nobres recentes e plebeus em favor de uma nobreza antiga (quatro graus) freqüentemente empobrecida. Mas o dinamismo nobiliário situa-se em um outro plano; independentemente da antigüidade da estirpe, ele se manifesta, por exemplo, no domínio econômico, com a participação de nobres nas sociedades por ações, no comércio marítimo, na química, na metalurgia, na mineração, na indústria têxtil.

A monarquia dos Bourbon não sabe mais gerir suas elites. Boa parte delas terminou perdendo a confiança no regime ou acha que pode se aproveitar do enfraquecimento dele para exigir uma redistribuição das cartas políticas. Essas mesmas elites não acreditam mais no velho sistema de legitimação de superioridades sociais – a fina flor da Corte aplaudiu em 1784 as tiradas antimonarquistas e antinobiliárias do *Casamento de*

10. Levante contra o cardeal Mazarino e a rainha regente Ana da Áustria, durante a menoridade de Luís XIV, que desencadeou a guerra civil (1648-1653) (N.T.)
11. Philippe Henri, marquês de Ségur (1724-1801): marechal da França, Secretário de Estado na Guerra de 1780-1787, criou um corpo permanente de oficiais de estado-maior. (N.T.)

Fígaro de Beaumarchais –, mas sem necessariamente pretender chegar a conclusões...
As contradições internas afetam tanto as correntes intelectuais quanto os indivíduos. O liberalismo aristocrático, movimento no qual se alinham, misturados, Fénelon, Saint-Simon, Boulainvilliers (ou mesmo o colossal Montesquieu...) e ao qual se liga uma fração considerável da nobreza contestatória, fornece um exemplo esclarecedor: seu antiabsolutismo o conduz por vezes a reais audácias políticas; sua dimensão reacionária o coloca mais no caminho de uma arqueologia do suposto "governo germânico" do que no de uma filosofia da liberdade.

A ascensão das burguesias não é um movimento contínuo; elas não pararam de se renovar desde a Idade Média. No século das Luzes, certas frações muito grandes são social e economicamente imóveis, mas o dinamismo das outras, comparável ao de uma parte da nobreza, contrasta com a rigidez opressiva de uma sociedade juridicamente imobilizada que freia tal dinamismo.

A burguesia francesa é ainda menos homogênea do que a nobreza. No topo, a altíssima burguesia das finanças: os *traitants*[12] e os *fermiers généraux*[13] (ao menos os que ainda não foram nobilitados), cujo fausto é acompanhado de um gosto pelas coisas do espírito. Na alta burguesia figuram especialmente os grandes armadores enriquecidos pelo comércio triangular (Nantes, Bordeaux, La Rochelle). É visível, contudo, a fraqueza da burguesia capitalista moderna: há relativamente um número maior de grandes capitalistas nobres do que de burgueses. No mundo das manufaturas (carvão, metalurgia, têxtil), apesar do desenvolvimento de um certo capitalismo comercial, o ateliê e a pequena empresa permanecem preponderantes (a Revolução Industrial está muito mais avançada na Inglaterra). A burguesia do Antigo Regime mais típica, seja alta ou média, é togada e dona de

12. Financistas que, por terem feito um "tratado" com o rei, obtinham o direito de cobrar certos impostos. (N.T.)
13. Agentes do fisco. (N.T.)

bens fundiários, proprietária de cargos e de terras; o grosso dessa burguesia aspira à nobreza e à "vida nobre". Na base da escala burguesa, finalmente, a "burguesia popular", como diz A. Daunard, da lojinha e do artesanato, está em contato com o povo miúdo que constitui as camadas inferiores do Terceiro Estado urbano (operários reunidos em organizações profissionais, empregados domésticos, ambulantes, pequenos ofícios de rua).

Além dessa diversidade burguesa e da relativa osmose das altas elites, existe em um grande número de membros do Terceiro Estado um sentimento comum de frustração e hostilidade em relação ao "preconceito da nobreza" (segundo Rivarol[14]), mais ainda do que ao "despotismo" real ou ministerial. As humilhações da juventude de Barnave[15], de Madame Roland[16] ou de Robespierre[17] são as que não se perdoam, sobretudo quando a pessoa se sente superior àquele que a humilhou; então a frustração pode se transformar em ódio, e o igualitarismo jurídico veiculado pela atividade das sociedades de pensamento[18] pode adquirir em algumas pessoas uma conotação radical. Se o burguês provinciano, mais conservador do que se imagina, mostra-se desigualmente influenciável pelo Iluminismo, o pequeno burguês das grandes cidades, em Paris principalmente, será mais receptivo aos libelos dos "frondistas literários" (ver capítulo III).

À frente desses burgueses multiformes, intelectualmente falando, encontra-se a parte mais avançada da elite "esclarecida". Sua visão do mundo e da ordem social é em

14. Antoine Rivarol (1753-1801): escritor e jornalista francês. (N.T.)

15. Antoine Barnave (1761-1793): deputado, partidário de uma monarquia constitucional, foi decapitado. (N.T.)

16. Madame Roland (1754-1793): entusiasta das idéias da Revolução Francesa. É a autora da célebre frase "Liberdade, quantos crimes são cometidos em seu nome", pronunciada a caminho da guilhotina. (N.T.)

17. Maximilien Robespierre (1757-1794): advogado e político, principal figura dos Montagnards sob a Convenção, morreu guilhotinado. (N.T.)

18. Lojas maçônicas, academias, clubes patrióticos que discutiam, opinavam, elaboravam consensos etc. (N.T.)

geral laicizada, racionalizada, contrastando com a da maioria, freqüentemente irracional. Essa elite tem fé na razão, crê no progresso, reivindica o direito à felicidade, exaspera-se diante dos entraves jurídicos arcaicos. Para ela, o valor do trabalho é superior ao da guerra (e freqüentemente ao da prece); ela recusa os privilégios e a divisão da sociedade em classes. Consciente de seus méritos e das possibilidades que se abrem para ela, essa elite aspira a desempenhar um papel político.

3. **Demografia e crise social** – A depressão econômica castiga um país em plena expansão demográfica. Diversos fatores – a melhoria das técnicas e das condições de vida, os progressos da higiene e o desaparecimento das grandes epidemias, talvez o clima – acabaram há um século com a demografia do tipo antigo. A mortalidade infantil recua, a expectativa de vida progride, a fecundidade permanece elevada. Entre 1740 e a Revolução, a população francesa cresceu regularmente, passando de 24 para mais de 28 milhões de habitantes. Mas as gerações que chegam à idade adulta e ao mercado de trabalho nos anos 1780 chocam-se com estruturas rígidas que remontam a um tempo em que a França era menos populosa. Nos campos, que vivem no ritmo incerto das colheitas e onde uma parte do campesinato médio se marginaliza como na cidade, onde o regime de corporações e a fraqueza do investimento produtivo prejudicam o desenvolvimento das empresas, os jovens não vêem se alargar as possibilidades de emprego e com freqüência vão engrossar a massa dos desclassificados e dos sem-trabalho.

4. **A crise econômica** – A euforia econômica chegou ao fim durante os anos 1770 para progressivamente dar lugar a um "interciclo de contração".

> O clima nos campos torna-se mais pesado com a alta do preço dos arrendamentos, a revisão dos registros[19] (uma prática

19. Cadastros públicos nos quais eram consignados os dados referentes às propriedades e que serviam de base para a cobrança de impostos. (N.T.)

que, contudo, não é nova) e o reexame de algumas práticas camponesas comunitárias. Nesse clima desigualmente nocivo, de acordo com as regiões, surgem as dificuldades da agricultura: a superprodução de vinho afeta os vinicultores, muito numerosos no Antigo Regime; uma crise de forragem atinge os criadores de animais; chuvas excessivas em 1787 e seca e tempestades em 1788 assolam toda a França, provocando a má colheita de 1788, seguidas do rigorosíssimo inverno de 1789. O empobrecimento de uma ampla fração da população rural é real. Os impostos, os direitos senhoriais e feudais e o dízimo eclesiástico, que incidem principalmente sobre os camponeses abastados, parecem mais insuportáveis e justificam a revolta aos olhos dos agricultores desejosos de se tornarem proprietários do solo que cultivam (o recolhimento feudal-senhorial e eclesiástico aproxima-se de 20% da produção agrícola).

Na cidade, há temor de escassez. As pessoas correm aos mercados, onde o preço do trigo sobe como flecha. Pilhagens de comboios de grãos reforçam a inquietação. Desempregados se deslocam de vilarejo em vilarejo propagando as notícias – falsas ou verdadeiras –, o que pode transformar uma comoção local em revolta provinciana. O fechamento do escoadouro rural é catastrófico para a pequena indústria das cidades, que sofre também com a carestia do pão, que faz com que as populações urbanas reduzam seu consumo de bens não-indispensáveis. Como se não bastasse, o tratado de comércio franco-inglês de 1786, a despeito dos possíveis benefícios no plano agrícola, provoca uma crise industrial, destacando-se a destruição de certos ramos têxteis.

Como em todos os períodos de aflição, procura-se um bode expiatório. Nos campos, a ira rosna contra o senhor, contra o agente do fisco, e os rumores prosperam. Nas cidades, expande-se o rumor de um complô aristocrático. Denunciam-se os grandes proprietários que, por receberem rendas em espécie, lucram com a crise. A partir do inverno de 1789, os elementos favoráveis a explosões sociais estarão reunidos.

5. **A crise financeira** – Dentre todos os sinais que anunciam a Revolução, a crise financeira é por si só o mais aparente – demonstra a impotência do governo –, por suscitar um

debate apaixonado no seio da opinião pública esclarecida a respeito dos meios de se melhorar esse mesmo governo.

As despesas do Estado crescem (não tanto as pensões, mas o peso dos empréstimos contraídos sobretudo para financiar a participação da França na guerra de independência americana) e o déficit se agrava. Como não se pode deixar a dívida se transformar numa bancarrota que arruinaria a confiança nem reduzir despesas incomprimíveis, é preciso aumentar as receitas. Tal ação só é possível na teoria. Muito mais branda do que na Inglaterra, a pressão fiscal nada tem de excessiva, mas é injustamente repartida. O sistema é complexo; exceções, isenções e privilégios variam de acordo com as províncias. Os impostos indiretos são arrendados e o contrato da Fazenda nacional não pode ser revisto de uma hora para a outra. Por outro lado, apesar da modernização da administração financeira, não há verdadeiro orçamento e a desordem reina na contabilidade. E, principalmente, o rei da França está ligado a seus encarregados das finanças e a seus homens de negócios por relações contratuais; até mesmo esses homens encontram-se enfraquecidos pela crise, e Luís XVI não pode se mostrar tão duro com eles quanto se era no século XVII, pois a maior parte deles agora é nobre... O sistema inteiro teria que ser modificado. Menos por inércia ou irresolução do que pela existência de múltiplas resistências, todos os ministros de Luís XVI fracassarão.

> Inspetor-geral das Finanças em 1774, amigo dos fisiocratas[20], Turgot preconizou diversas medidas destinadas a equilibrar as contas e desenvolver a economia do reino: redução das despesas da Casa do Rei, livre circulação dos grãos, supressão das corporações e da corvéia real[21], projeto de um imposto

20. Partidários da fisiocracia, doutrina econômica e filosófica em voga na França do século XVIII, que procurava basear-se no conhecimento das leis da natureza para afirmar que a terra era a única e verdadeira fonte de riqueza. (N.T.)

21. Na França feudal, serviço gratuito que se prestava ao soberano ou ao senhor. (N.T.)

territorial proporcional à renda fundiária, e pagável por todos os proprietários rurais. Serviu para angariar muitos inimigos: a gente miúda, por temor da escassez de alimentos, os especuladores, os patrões, os privilegiados. Depois da demissão de Turgot, Necker teve que prosseguir com a política suicida dos empréstimos. Seu sucessor Calonne fez o mesmo, até não ser mais possível.

Pressionado por reformas, Calonne inspira-se tarde demais nos projetos de Turgot. Submete seu programa a uma assembléia de notáveis (fevereiro de 1787), composta de privilegiados, que recusa a subvenção territorial e exige a convocação dos Estados Gerais[22], únicos habilitados a autorizar novos impostos. Dispensado, Calonne cede o lugar ao talentoso e imoral arcebispo de Toulouse, Loménie de Brienne. Como os notáveis persistem em sua oposição, são demitidos (25 de maio). O poder impotente está gravemente comprometido aos olhos da opinião pública. Resta fazer o que se procurava evitar: submeter as reformas ao registro do parlamento.

III – O Antigo Regime em agonia

A oposição parlamentar parecera se acalmar depois da dispensa de Turgot. Porém, tão logo volta a se falar de igualdade, ela desperta. O parlamento de Paris, por sua vez, exige a convocação dos Estados Gerais.

Luís XVI impõe o registro de seus éditos em *lit de justice*.[23] Alguns magistrados, apoiados pelos duques e por seus pares, declaram a ilegalidade: o parlamento é exilado em Troyes, onde se insurge mais ainda. Em Paris, a agitação ganha a

22. Assembléia convocada pelo rei para opinar e votar impostos, constituída por representantes das três classes sociais. (N.T.)
23. Sessão especial do parlamento com a presença do rei, própria do Antigo Regime. O rei ia até lá para, com sua presença, forçar os parlamentares a fazer o registro. (N.T.)

rua, onde os parlamentares são aclamados. Um compromisso capenga é adotado. O parlamento retorna a Paris e se propõe a aceitar um novo empréstimo. Porém, a sessão de 19 de novembro de 1787 é tumultuada: o rei é de novo levado ao registro forçado. A agitação recomeça em janeiro de 1788, sob o impulso da nobreza togada, que faz advertências a respeito do registro forçado. Brienne e seu ministro da Justiça, Lamoignon, resolvem quebrar a oposição, inspirando-se na reforma de Maupeou de 1771. O parlamento contra-ataca com o despacho de 3 de maio de 1788, verdadeira "declaração dos direitos da nação", uma mistura de tradicionalismo reacionário e de filosofismo liberal acolhida em Paris com manifestações de entusiasmo. O parlamento aparece não como o adversário egoísta da igualdade, mas como o defensor das liberdades diante de um despotismo gasto e sem prestígio. Brienne persiste. O édito de 8 de maio, imposto em *lit de justice*, neutraliza o poder parlamentar: as funções judiciárias dos parlamentos são amputadas em proveito de novas jurisdições; o direito de registro e advertência é anulado em proveito de uma Corte plenária, à espera da sanção dos Estados Gerais. O objetivo é estabelecer a velha aliança entre a realeza e o Terceiro Estado contra os "feudais", mas a opinião pública não aceita.

A oposição ganha a província, seus parlamentos, suas elites, sua *intelligentsia*. Uma chuva de libelos inunda uma França que não está preparada para a reflexão política. A agitação é timidamente combatida pelos agentes do rei, que simpatizam com a causa e são despreparados para dominar a situação. Os distúrbios são graves no Delfinado[24], marcados pela incitação do parlamento de Grenoble à desobediência, pelo famoso "dia das telhas" (7 de junho)[25] e pela assembléia

---

24. Dauphiné (Delfinado): antiga província da França. As reformas reclamadas pelos Estados do Delfinado, em 1788, deram origem à reunião dos Estados Gerais em 1789. (N.T.)
25. Revolta ocorrida em Grenoble, quando a população da cidade enfrentou as tropas reais atirando telhas. (N.T.)

das três classes em Vizille, encorajada por Mounier[26], que convida todas as províncias a se unirem contra o despotismo e a se recusarem a pagar o imposto (21 de julho). Daí em diante, a contestação política de tipo parlamentar, até então dominante, desdobra-se em uma poderosa contestação política e social promovida por frações avançadas do Terceiro Estado: o partido nacional, congregação complexa e multiforme, nega a suposta representatividade dos parlamentos, exigindo não só a reunião dos Estados Gerais, como também a duplicação da participação do Terceiro Estado e o voto por cabeça.

Essa situação explosiva obriga Brienne a ceder. Os Estados Gerais, quase que unanimemente reclamados, tornam-se inevitáveis, dado o vazio dos caixas e o abandono da monarquia pelas camadas privilegiadas. Em 8 de agosto, os Estados Gerais são convocados não mais para 1792, mas para 1º de maio de 1789, ao mesmo tempo em que o projeto de Corte plenária é abandonado. Os pagamentos do Estado são suspensos; a bancarrota não está longe. O ministro se afasta (24 de agosto). Luís XVI capitula e chama Necker (26 de agosto): esse financista suíço de temperamento fraco, porém desinteressado, inclinado a se superestimar, é popular; a opinião pública atribui-lhe idéias progressistas, e ele tem a confiança dos credores. O novo ministro da Justiça, Barentin, restabelece os parlamentos em suas prerrogativas. O retorno triunfal dos parlamentares degenera às vezes em manifestações contra o governo.

Já se pode pensar em uma revolução (a palavra, vinda do vocabulário astronômico, entrou há muito tempo na linguagem corrente)? Provavelmente não se prevê um cataclisma, mas todo mundo pressente uma explosão.

Reformas impostas do alto, no final do reinado de Luís XVI, teriam poupado a França de uma revolução? Em 1789, é tarde demais. A França está doente. O Antigo Regime social

---

26. Jean-Joseph Mounier (1758-1806): advogado e político francês. (N.T.)

está bastante fragilizado, enfraquecido nas ações e na maior parte dos espíritos. A monarquia absoluta, por não dispor de homens de valor, por sofrer de obstruções estruturais que paralisam as tomadas de decisão, por estar combalida pela contestação dos parlamentos, já está de joelhos ao cambalear por não ter sabido reformar suas finanças. O poder real e ministerial provou ser incapaz de se reformar e dominar ou superar as contradições da contestação; a opinião pública, em sua infinita diversidade, não perdoará. Sem essa decomposição avançada, nenhuma revolução teria sido possível: os poderes com mais freqüência caem do que são derrubados.

Os privilegiados deram os primeiros golpes ao tomar a dianteira da "pré-Revolução Francesa"; até mesmo o clero recusou novos subsídios à realeza. São de fato as elites do regime que começam a Revolução. Devido ao encontro de suas ações com os movimentos populares, de natureza diferente, elas serão levadas até bem mais longe do que imaginaram.

Capítulo II

Oitenta e Nove

A decisão de convocar os Estados Gerais assegurou a Luís XVI uma grande confiança por parte da opinião pública, mas era uma decisão carregada de riscos. A questão financeira já tinha aberto o caminho para uma reflexão profunda sobre a sociedade e sobre o governo; estava na hora de se lançar na aventura.

I – A reunião dos Estados Gerais

Ao convocar os Estados Gerais, Brienne havia deixado em suspenso a questão da representação numérica do Terceiro Estado e a do voto.

A forma de 1614 (representação igual e voto por classe), muito antiga para constituir um precedente, teria feito das duas classes privilegiadas as donas do jogo; se fosse concedida ao Terceiro Estado representação maior e o voto por cabeça – exigências do partido nacional –, ele é que imporia sua vontade aos Estados Gerais. O debate provocou a ruptura entre a antiga oposição parlamentar e nobiliária e a oposição ascendente, mais doutrinária, para quem o Terceiro Estado fornecia os grandes batalhões. Consultado, o parlamento opta pela forma tradicional, e sua popularidade desaba (setembro de 1788). Uma assembléia de notáveis reunida em 6 de novembro se pronuncia maciçamente no mesmo sentido (11 de dezembro): os privilegiados desejam limitar o absolutismo em seu próprio benefício.

O Conselho do rei está dividido; dirigido por Necker, que apóia Luís XVI, aprova a duplicação da participação do Terceiro Estado sem se pronunciar sobre a questão do voto (27 de dezembro). A semimedida nada resolve; ela multiplica os riscos. O mesmo Conselho anuncia medidas liberais: o rei aceitará sobretudo as cartas de selo[27] e a convocação regular dos Estados Gerais, chamados para deliberar sobre matéria financeira.

1. **As eleições** – A campanha eleitoral, iniciada de fato há alguns meses, é aberta no começo de 1789. A conjuntura é aflitiva: depois do granizo de 13 de julho de 1788, vem o terrível inverno de 1789, a alta vertiginosa do preço do pão, a ameaça de escassez de alimentos, as insurreições relacionadas ao fornecimento de trigo. A situação em Paris é tensa: a capital tem mais de 10% de indigentes.

A propaganda do Terceiro Estado adquire um tom violento a favor da liberdade de expressão proclamada pelo decreto do Conselho de 5 de julho de 1788. Sob uma chuva cada vez mais densa de panfletos – mais de mil, talvez dois mil entre o verão de 1788 e a abertura dos Estados Gerais, a maior parte hostil às estruturas políticas e sociais tradicionais –, o abade Sieyès causa sensação em janeiro de 1789 com seu panfleto *O que é o Terceiro Estado?*. O triunfo desse folheto atesta o acirramento dos ânimos e, em meio à vasta corrente de contestação do Antigo Regime, a ruptura definitiva entre tendências igualmente radicais. Sieyès afirma que o Terceiro Estado é "tudo" e que encarna exclusivamente a "nação"; o tempo dos compromissos com os privilegiados passou, assim como a fórmula anacrônica dos Estados Gerais: a Assembléia nacional se anuncia.

Difícil de avaliar, o papel das "sociedades de pensamento" foi considerável na formação dessa nova soberana que seria chamada de opinião pública. Os locais de sociabilidade próprios do século – círculos, cafés, gabinetes de leitura, academias locais, sociedades mesmeristas, lojas maçônicas – estão em pleno vapor. Outras sociedades surgem: o Clube dos Engajados, os Amigos dos Negros ou a Sociedade dos Trinta, que se reúne na casa do conselheiro do parlamento Adrien Duport e agrupa a maior parte dos futuros expoentes da constituinte. Os Trinta mantêm uma ativa correspondência em todo o reino.

---

27. Sob o Antigo Regime, serviam para a transmissão de uma ordem do rei. Fechadas com o selo, só deviam ser lidas pelo destinatário. (N.T.)

As eleições se desenrolam em condições muito liberais, fixadas pelo regulamento eleitoral de 24 de janeiro de 1789 (elas serão mais restritivas para Paris). A designação de deputados do Terceiro Estado é mais complicada do que a das outras classes, com um sistema de vários graus, mas todo homem com idade acima de 25 anos, comprovando domicílio e uma inscrição na lista dos impostos, tem o direito de voto.

Essas eleições são acompanhadas da redação de *cahiers de doléances* [cadernos de queixas]. Dúvidas pesam sobre seus autores verdadeiros. O papel do pároco de vilarejo, das personalidades representativas de menor importância, sobretudo dos togados de escalões inferiores, foi importante, sem que estes últimos tenham sido responsáveis por todas as reclamações tanto concretas quanto prosaicas. Numerosos modelos foram postos em circulação pelo duque de Orléans – seu panfleto, difundido com 100 mil exemplares, é obra conjunta de Sieyès e Laclos[28] –, pela sociedade dos Trinta e, de uma maneira mais geral, pelo partido nacional ou patriota, único que organizou as eleições, donde os formatos padronizados. Mas a maior parte dos cadernos se origina de representações tradicionais, muitas delas antigas, e de reivindicações esparsas que se inscrevem no âmbito de um reformismo anti-absolutista porém monárquico. Algumas delas, contudo, a despeito de uma tendência geral ao consenso e à confiança em relação a Luís XVI, refletem as tensões que se exasperam entre o Terceiro Estado e os privilegiados sobre certas questões inflamadas (igualdade civil, direitos feudais). Para simplificar, os cadernos de base do Terceiro Estado contêm a marca do Antigo Regime, enquanto os cadernos de síntese[29], após a filtragem das reivindicações, mostram-se muito mais modernizadores.

---

28. Choderlos de Laclos, oficial e escritor, autor de *Ligações perigosas*. (N.T.)

29. Cadernos de base e cadernos de síntese: cadernos redigidos pela população, compilados e organizados nas cidades e nos vilarejos, constituindo uma listagem das queixas e dos desejos da Nação; o resultado final eram os "cadernos de queixas" (*cahiers de doléances*). Os deputados de cada ordem reuniam-se separadamente e resumiam em um único caderno as queixas que haviam trazido. (N.T.)

O poder real permaneceu neutro por ser impotente. Na ausência de pressão administrativa e de alternativa digna de crédito, foi o partido "nacional" que conseguiu eleger seus homens.

2. **A composição dos Estados Gerais** – O número de deputados é de, aproximadamente, 1.200, ou seja, perto de trezentos para o clero (onde domina numericamente o baixo clero[30], favorável às reformas, reforçado por um punhado de prelados liberais), bem como trezentos para a nobreza (com uma minoria de grandes senhores de idéias liberais) e cerca de seiscentos para o Terceiro Estado. Os deputados do Terceiro Estado são burgueses, salvo alguns trânsfugas de outras classes (Mirabeau, Sieyès): uma massa impressionante de juristas, algumas personalidades rurais, médicos, alguns intelectuais, um pequeno número de capitalistas no sentido moderno (não mais do que nas fileiras da nobreza). Não há nenhum verdadeiro republicano, mas todos, mesmo os mais conservadores, esperam reformas, periodicidade das reuniões dos Estados Gerais para a votação de impostos igualitários e garantias para as liberdades.

Além das infinitas nuances, além dos "programas" e "do fato de pertencer" a essa ou àquela categoria, a maior parte dos deputados dos Estados Gerais participa, normalmente, da mesma esfera cultural, está em busca de uma fórmula constitucional antiabsolutista e de uma "regeneração" – a palavra se torna quase uma bandeira – da nação, o que explica a facilidade com que a Assembléia nacional constituinte irá se impor.

II – O fim do Antigo Regime político (maio-junho)

Os Estados Gerais vão se reunir em um clima de desordem. Comoções e insurreições, que explodem periodicamente desde janeiro por conta da crise e da carestia do pão – imputada erroneamente apenas à especulação –, culminam

30. O baixo clero designava os padres e vigários oriundos do povo ou da pequena burguesia. (N.T.)

no final do mês de abril em Paris, no *faubourg* Saint-Antoine, com o caso Réveillon[31], seguido de uma repressão vigorosa, derradeira demonstração de força do Antigo Regime.

Os Estados Gerais abrem em 5 de maio de 1789 em Versalhes. O discurso inábil de Luís XVI, as fórmulas vagas do ministro da Justiça, Barentin, e o interminável relatório financeiro de Necker decepcionam o Terceiro Estado, já indisposto pelo desprezo exibido pela Corte.

1. **A Assembléia Nacional** – A maioria do Terceiro Estado recusa de imediato a verificação separada dos poderes dos deputados; essa revolta passiva equivale a rejeitar qualquer deliberação por classes. Depois de 6 de maio, os deputados do Terceiro Estado passaram a se chamar de "Comunas". Em 13 de junho, após um longo mês passado à procura de um compromisso, alguns padres juntam-se ao Terceiro Estado, bem depressa seguidos por outros: gesto mais do que simbólico que acompanha uma aceleração dos acontecimentos. No dia 17 de junho, os deputados do Terceiro Estado retomam a idéia de Sieyès e, usando como argumento o fato de que, sozinhos, eles representam a quase totalidade da nação, proclamam-se Assembléia nacional e autorizam provisoriamente a supressão dos impostos. "Esse decreto era a própria Revolução", escreveu Madame de Staël. Decisão revolucionária, com efeito: o Antigo Regime foi negado, a nação "organizada" desapareceu em proveito da nação homogênea; por outro lado, a Assembléia se protege contra uma dissolução que paralisaria o recolhimento das contribuições. Em 19 de junho, por curta maioria, o clero se pronuncia pela adesão ao Terceiro Estado. A metade da Revolução estava virtualmente feita.

2. **A sessão real de 23 de junho** – Luís XVI parece então despertar. Convoca para 23 de junho uma sessão real dos

31. Jean-Baptiste Réveillon é um fabricante de papel; seus operários se revoltam em abril de 1789 contra a cobrança de uma taxa que atingiria os trabalhadores e os mais pobres. (N.T.)

Estados Gerais. No dia 20, encontrando a porta fechada, os deputados do Terceiro Estado vão até o Jeu de Paume[32] onde, por iniciativa de Mounier, ator de importância na pré-revolução delfinesa, prestam por unanimidade menos uma voz o juramento de não se separarem "até que a constituição do reino seja estabelecida e reforçada com fundamentos sólidos". O juramento do Jeu de Paume confirma a revolução política consumada no dia 17: parece de fato negar a constituição consuetudinária da França e rejeitar a soberania real, para esboçar a mais absoluta, a da nação.

"Só deixaremos nossos lugares pela força das baionetas!" (Mirabeau[33]). O incidente final de 23 de junho de 1789 – quando, terminada a sessão real, o grande mestre de cerimônias Dreux-Brézé pediu que o Terceiro Estado evacuasse a sala – ocultou o conteúdo do acontecimento. No dia 23 de junho, sempre se mostrando firme a respeito de diversos pontos – constituição tradicional, política e social –, a monarquia propõe um plano detalhado de reformas no qual cede bastante.

> Luís XVI chega até a reconhecer para os deputados a qualidade – decisiva – de "representantes da nação". Os Estados Gerais, órgão de conselho regular, autorizarão periodicamente impostos e empréstimos e controlarão um orçamento publicado a cada ano. O rei anuncia diversas medidas liberais (liberdade individual e abolição das cartas de selo, liberdade de imprensa, supressão de alfândegas interiores e da corvéia das estradas[34]); ele garante todas as propriedades e expressa o desejo de que seja estabelecida o mais depressa possível a *igualdade fiscal*, mas se recusa a tocar nos direitos senhoriais e feudais e declara "ilegais e inconstitucionais" as deliberações do Terceiro Estado de 17 e 20 de junho.

---

32. Imóvel construído no século XVII em Paris, utilizado pela nobreza como quadra para praticar um jogo precursor do tênis. (N.T.)
33. Mirabeau (1749-1791): revolucionário, escritor, diplomata, jornalista e político francês, símbolo da eloqüência parlamentar francesa. (N.T.)
34. Obrigação dos camponeses que habitam nas proximidades de caminhos e estradas de trabalhar na sua construção ou reparação. (N.T.)

> Libertado do passado por essa promoção dos Estados Gerais, o Antigo Regime podia finalmente se despojar de seus defeitos mais flagrantes? Aceitável em 5 de maio, essa última definição paternalista e moderada do reformismo monárquico estava ultrapassada em 23 de junho. Diante da intransigência da "Assembléia nacional", o rei decide convidar o clero e a nobreza para se juntarem ao Terceiro Estado em uma assembléia única (27 de junho). Legitima, assim, o fato político consumado; a Assembléia só tem que se proclamar "constituinte" (9 de julho).

A Revolução foi, desta vez, juridicamente completada. Em algumas semanas, a França passou do reformismo à revolução. Primeiro resvalo, fundador da Revolução Francesa. Entre 17 e 27 de junho de 1789, Luís XVI perdeu o trono de seus pais, rapidamente substituído por uma cadeira dobrável constitucional. Indicador mais do que simbólico da amplitude de uma revolução que está sendo intensamente produzida nos espíritos: o delfim, filho mais velho do rei, morreu no dia 4 de junho em meio a uma espécie de indiferença geral...

III – O fim do Antigo Regime social (julho-agosto)

1. **A Revolução parisiense** – O grupo que rodeia Luís XVI o incita à firmeza. O rei aceita concentrar tropas em torno de Versalhes. A manobra, lenta, hesitante, faz aumentar a tensão. Como a assembléia protestou, Luís XVI demitiu Necker (11 de julho) para se cercar de ministros tidos como mais conservadores e enérgicos (o barão de Breteuil, Broglie, Puységur). A notícia, conhecida em Paris no dia 12, dá consistência ao rumor de um "complô aristocrático" destinado a deixar o povo com fome – o preço do pão alcançará, dia 14, seu máximo secular – e perpetrar "uma São Bartolomeu[35] de patriotas" (Desmoulins[36]).

35. Referência à célebre noite de São Bartolomeu, no século XVI, episódio sangrento de repressão aos protestantes na França pelos reis franceses, católicos. (N.T.)

36. Camille Desmoulins (1760-1794): jornalista e político francês, morreu na guilhotina. (N.T.)

Confiante em sua arraia-miúda de lojistas e artífices, mestres e artesãos originários principalmente dos *faubourgs* Saint-Antoine e Saint-Marcel, inquietos e empobrecidos; percorrida e esquadrinhada por seus "desclassificados", sobre os quais "a teoria só precisa cair para asfixiar os bons grãos e vegetar como uma urtiga" (Taine[37]); assombrada por seus desenraizados e numerosos indigentes, a capital, confrontada com um poder hesitante, protegida por forças de ordem insuficientes, mediocremente comandadas, mal-enquadradas, desencorajadas e pouco seguras, é inflamada por líderes. O centro principal do alvoroço é o Palais-Royal, onde se agitam os agentes do duque de Orléans. Os amotinados atribuem ao monarca e ao seu círculo capacidades estratégicas e uma continuidade de intenção que estes últimos não têm; esquecem-se de que a dinastia nunca conheceu príncipe menos militar e mais acomodado...

As manifestações transformam-se em insurreição no final do dia 12 de julho e durante a noite seguinte (pilhagem de armas, incêndio de barreiras municipais[38], símbolos da "opressão" da Fazenda Geral). No dia 13, os "eleitores" parisienses (ou seja, os eleitores do Terceiro Estado no segundo grau, designados pelos sessenta distritos) formam um comitê permanente encarregado do abastecimento da cidade e organizam uma milícia burguesa (a futura guarda nacional) a fim de manter a ordem. No dia 14, uma multidão toma os fuzis guardados nos Invalides.[39] Marcha sobre a Bastilha, onde acredita encontrar outras armas e munições. À tomada da fortaleza sucedem-se os primeiros massacres revolucionários. Entre outras vítimas: Launay, governador da Bastilha, Flesselles, preboste da jurisdição de Paris, seguidos, no dia 22 de julho, por Bertier de Sauvigny, intendente de Paris, e seu sogro Foulon de Doué.

---

37. Hippolyte-Adolphe Taine (1828-1893): filósofo, historiador e crítico francês. (N.T.)

38. Algumas municipalidades tinham autorização para cobrar imposto sobre mercadorias de consumo local (direitos de entrada). (N.T.)

39. Monumento parisiense cuja construção foi ordenada por Luís XVI em 1670 para abrigar os inválidos dos seus exércitos. (N.T.)

A tomada da Bastilha é em si um acontecimento dos mais insignificantes – os "vencedores da Bastilha" não passavam de mil e a maior parte da cidade permaneceu calma no dia 14 de julho –, mas seu alcance simbólico e político é vasto. A rua vai agora ocupar a frente da cena; muitos parisienses, dentre os mais "exaltados", estão armados; o assassinato "patriótico" é implicitamente perdoado; tudo isso vai contribuir para uma radicalização do fenômeno revolucionário.

Renunciando a uma sangrenta e incerta prova de força, Luís XVI dispensa as tropas e chama Necker (16 de julho). Melhor ainda, no dia 17, ele vai para Paris. Quer fazer crer que tem nas mãos as rédeas da situação, ou pretende afiançar por sua presença a criação da nova Comuna, presidida pelo astrônomo e deputado Bailly, e da guarda nacional comandada por La Fayette, o "herói dos Dois Mundos"?[40] O rei recebe do novo prefeito a insígnia *bleu-blanc-rouge*, símbolo provisório, nas suas cores respectivas, da união entre a monarquia e a capital: a cor branca era o símbolo da realeza, o azul e o vermelho simbolizavam Paris (a capital) e o vermelho a revolução republicana. A multidão "aclama o rei penitente" (segundo a expressão de F. Furet-D. Richet).

Falsa harmonia. O conde d'Artois, segundo irmão do rei (futuro rei Carlos X), deu a diversos senhores, como Condé e Polignac, o sinal de emigração. Luís XVI, consciente de ter perdido sua liberdade de ação, enviará a seu primo, o rei da Espanha Carlos IV, chefe do ramo mais novo dos Bourbon, uma carta na qual reputará nulas todas as suas declarações e assinaturas oficiais a contar do dia 15 de julho de 1789...

2. **Os movimentos populares provinciais: a "Revolução municipal" e o Grande Medo** – A queda da Bastilha causa uma profunda comoção na província e acelera o movimento municipal. Cassam-se os intendentes – instruídos pelo exemplo de Bertier, estes últimos não hesitam em tomar o cami-

---

40. La Fayette tomou parte ativa na guerra de independência americana ao lado dos insurgentes. (N.T.)

nho da fuga – e são estabelecidas em numerosas cidades, à imagem de Marselha e de Paris, novas municipalidades e guardas nacionais (algumas dessas milícias tinham sido organizadas na primavera). A revolução urbana se faz acompanhar de uma revolução camponesa.

Os camponeses não tinham desempenhado nenhum papel na pré-Revolução propriamente dita, mas a revolta antifeudal era latente desde as redações dos *cahiers de doléances*; encorajada pela crise política parisiense, a revolta toma as dimensões de uma imensa *jacquerie*[41], passiva (recusa de pagar o dízimo e os direitos senhoriais), ativa em alguns casos (extorsões de *renoncis*, ou seja, de renúncias dos senhores a seus direitos, destruições de arquivos, pilhagens, incêndios de castelos, quando nobres eram molestados ou mortos), além de ações que simbolizavam o fim das antigas superioridades sociais. Paira no ar o rumor de um complô aristocrático destinado a destruir, contra a vontade do rei, as primeiras conquistas da Revolução. Gente sem trabalho erra em bandos; alguns atos de violência fazem com que sejam classificados de "bandoleiros"; a maior parte do país logo se vê afetada pelo fenômeno irracional e irradiante do Grande Medo (final de julho). Os camponeses, nem sempre os mais miseráveis, armam-se e aguardam o invasor. Como não acontece nada, voltam-se contra os castelos para acertar contas seculares. No meio da confusão, às vezes atacam propriedades burguesas. A *jacquerie* dá provas de um grande senso de organização; apropria-se dos poderes locais, completando assim a revolução municipal.

Toda a ossatura do Estado monárquico, descalcificada há muito tempo, é definitivamente pulverizada.

3. **A noite de 4 de agosto** – A divulgação deformada dos acontecimentos parisienses provoca a desordem na província; a divulgação amplificada desses distúrbios faz nascer

41. Na França, revolta camponesa contra os nobres durante o aprisionamento de Jean Le Bon (1358); significa revolta camponesa em geral. (N.T.)

o medo em Versalhes. Na tarde de 4 de agosto, enquanto a Assembléia pensa na maneira de acabar com as *jacqueries*, o visconde de Noailles e o duque d'Aiguillon propõem a abolição dos direitos feudais e senhoriais. Aos poucos vão sendo suprimidos, em meio ao entusiasmo coletivo, os dízimos eclesiásticos, as justiças senhoriais, as banalidades[42], os privilégios das cidades, a venalidade dos cargos, etc. – em resumo, todas as regalias, os particularismos e as distinções de classes, de corpos e de região. O Antigo Regime social é varrido. Fez-se "tábua rasa", observou um contemporâneo. A noite de 4 de agosto inaugura uma nova sociedade da qual foi excluído o privilégio, forma antiga das liberdades, e na qual a igualdade jurídica será a regra e a moldura da nova liberdade.

> Os deputados voltam atrás nos dias seguintes. Inúmeros direitos só são abolidos mediante reembolso, o que resulta em desilusão nos campos no momento da divulgação do decreto de 11 de agosto; por causa dos *cahiers de doléances*, esperava-se mais; os distúrbios vão perdurar, com altos e baixos, até 1792.

A revolução jurídica, política e social é sancionada, a partir de 26 de agosto, pelo voto de um texto essencial: a Declaração dos Direitos do Homem e do Cidadão (ver Capítulo III).

IV – A radicalização constitucional e política (setembro-outubro)

A intervenção de importantes efetivos populares pesou poderosamente, de início, sobre o curso da Revolução. Mesmo que, por vezes, possam ter sido manipulados, esses movimentos tinham vindo para ficar: a delinqüência era endêmica no campo, assim como a resistência a certos aspectos do regime feudal e senhorial; de um modo mais geral, a arraia-miúda contestava ao mesmo tempo a ingerência do Es-

42. Utilização pelos vassalos, livre ou forçada, de bens pertencentes ao senhor feudal, mediante pagamento. (N.T.)

tado e o seu liberalismo econômico, que subvertiam, ambos, as sociedades tradicionais.

> A despeito da melhor colheita, a agitação mantém-se nas cidades em decorrência da persistência da carestia do pão: satisfazer a demanda é difícil, e os acontecimentos prejudicam a circulação dos grãos. Em Paris, certas profissões ligadas ao luxo estão em dificuldade por causa da emigração de uma parte de sua clientela. Em meio a todos esses movimentos, começam a ser ouvidas, diante das convicções liberais dominantes dos eleitos, aspirações dirigistas da arraia-miúda urbana, que passa a sentir saudades das práticas da "polícia" econômica do Antigo Regime.

Nesse cenário de crise econômica e de tensão popular, com um clima propício, os movimentos populares alcançam uma intensidade inusitada e contribuem não apenas para quebrar as primeiras veleidades contra-revolucionárias da Corte, mas também para modificar o equilíbrio interno da Assembléia nacional.

1. **A degradação do clima na Assembléia** – Pouco a pouco, as tendências tornam-se precisas. A oposição entre os privilegiados e o Terceiro Estado exasperado pelo ressentimento e pela suspeita fica ultrapassada. Três grupos destacam-se: contra-revolucionários de todo tipo; os "patriotas" mais convictos; por último, os moderados, mais ou menos conservadores, menos avançados no final do verão do que no começo, os quais serão chamados mais adiante de monarquianos, reunidos em torno de Mounier, favoráveis à "constituição inglesa". Essa diferenciação não traduz, contudo, a complexidade das tendências: à esquerda – uma terminologia que se desenvolverá no outono – há pouca coisa em comum entre Robespierre, Sieyès e Mirabeau; este último está no movimento, é muito mais democrata do que os monarquianos, mas tem idéias contrastantes e será visto dentro em breve, por sua vez, como moderado. Há, sobretudo, um grande número de deputados flutuantes, inconseqüentes ou timoratos. Aos debates, com efeito, falta serenidade. A maioria dos deputados

moderados encontra-se confusa, desanimada, por vezes aterrorizada pelos movimentos populares, e já sofre com a pressão ameaçadora das tribunas e as freqüentes manifestações de intolerância dos deputados mais radicais.

2. **Um debate constitucional resolvido pela metade** – O debate propriamente constitucional abre-se no começo de setembro. A relação de forças faz com que, entre a constituinte e o rei, bem como na Assembléia, a disposição do debate já esteja circunscrita. O rei e o aparelho do Estado monárquico, fracos porém sempre suspeitos, vêem sua autoridade sistematicamente destruída. Os moderados marcam alguns pontos, até a redação da declaração dos direitos (ver capítulo III), mas estão enfraquecidos; os parisienses mais engajados no movimento manifestam-lhes uma hostilidade crescente; já a direita contra-revolucionária, que os repele, começa a praticar a política do pior, persuadida – segundo um traço de pensamento que lhe é próprio – de que desse pior sairá o melhor. Por outro lado, diversas questões importantes já têm um esboço de resposta.

> A soberania real, limitada pela lei divina, natural e fundamental, e pela complacente imperícia do poder monárquico, chegou ao fim. Só permanece em aberto a questão do novo centro do poder. O poder constituinte assenta-se exclusivamente na nação e, por ora, na Assembléia nacional constituinte? A esquerda inteira insiste com vigor sobre esse ponto e tem a seu favor a lógica eloqüente da Revolução. Dentre os que não rejeitam em bloco o movimento em curso, os amigos de Mounier estão isolados. Em seu dualismo fundamental, os monarquianos bem que gostariam de casar a razão e a história, dividir o poder constituinte entre a Assembléia e o rei. Mas seu pleito hesitante – pois não ousam negar a soberania emanante do país – a favor de um pacto que lembra o espírito do constitucionalismo inglês e anuncia o espírito de 1830[43] não tem nenhuma chance de levar a melhor. As idéias domi-

43. Ano da revolução parisiense. Durante os Três Dias Gloriosos, burgueses, operários e estudantes republicanos erguem barricadas e obrigam o rei Carlos X a fugir. Instaura-se a Monarquia de Julho. (N.T.)

nantes sobre a soberania não estão inteiramente esclarecidas em 1789 – elas só o serão no final da experiência e da reflexão do século XIX; contudo, para o espírito que prevalece na constituinte, fica rapidamente decidido que a soberania permanece, de maneira coletiva e concreta, no conjunto indivisível dos cidadãos. "O princípio de toda soberania reside essencialmente na nação" (artigo 3 da declaração dos direitos). Tal concepção comporta claras virtualidades democráticas, temperadas pelo elitismo "esclarecido" (porém antinobiliário) da maior parte dos constituintes, que associam a conclusão da democratização à extensão próxima do "espírito das luzes"; estamos longe das poderosas abstrações da soberania nacional que não triunfarão senão mais tarde, mesmo que Sieyès, por exemplo, as entreveja.

Em suma, está fora de questão, para a maioria, admitir qualquer co-soberania com o rei; este poderá – no melhor dos casos, e segundo alguns – ser um órgão envolvido na função legislativa; ele não poderia participar do exercício da função constituinte. Mirabeau afirmará no dia 1º de setembro: "Eu penso que o direito de suspender e até mesmo de interromper a ação do corpo legislativo deve pertencer ao rei quando a constituição estiver pronta e quando se tratar somente de mantê-la. Mas o direito de interromper, o *veto*, não pode ser exercido quando a constituição ainda está sendo criada: não concebo que se possa disputar com o povo o direito de dar a si mesmo a constituição com a qual lhe apraz ser governado de agora em diante."

Nessa mesma perspectiva, uma definição normativa da constituição impôs-se como negação do constitucionalismo consuetudinário do Antigo Regime. A constituição não merece esse nome a não ser com quatro condições. Organicamente, mesmo que reflita a representação de um ato de razão mais do que de vontade, ela deve emanar do soberano (ou de seus representantes). Formalmente, ela deve ser escrita e sistemática. Materialmente, assim como está definido no artigo 16 da declaração dos direitos, "Uma sociedade na qual a garantia dos direitos não esteja assegurada nem a separação dos poderes determinada não tem constituição". Como se verá, a exaltação da lei pela declaração não podia fazer com que os constituintes compreendessem essas duas questões: para eles, a correta "separação dos poderes", ou seja, a supremacia da lei – ato no qual se exprime quase que necessariamente a razão –, trará em si a garantia dos direitos naturais e racionais (é a mesma coisa), sendo que essa garantia não requer precauções particulares, salvo no caso limite e logicamente improvável da resistência à opressão.

A despeito de uma concepção de soberania que rompe menos do que se disse com a de Rousseau, os constituintes orientam-se na direção da técnica, desprezada por Jean-Jacques, da "representação", que eles opõem à democracia.

Sieyès teorizará sobre esse movimento de pensamento em seu discurso de 7 de setembro: "Os senhores não podem recusar a qualidade de cidadão e os direitos do civismo a essa multidão sem instrução, inteiramente absorvida pelo trabalho forçado. Uma vez que eles devem obedecer à lei tanto quanto os senhores, devem também, assim como os senhores, contribuir para fazê-la. A participação deve ser igual. Ela pode ser exercida de duas maneiras. Os cidadãos podem depositar sua confiança em alguns dentre eles. Sem alienar os próprios direitos, designam a outros seu exercício. É pela utilidade comum que nomeiam representantes bem mais capazes do que eles próprios de conhecer o interesse geral e, assim, de interpretar sua própria vontade. A outra maneira de exercer o direito à formação da lei é participando pessoal e imediatamente da feitura da lei. A participação imediata é o que caracteriza a verdadeira *democracia*. A participação mediata designa o *governo representativo*. A diferença entre estes dois sistemas políticos é enorme." A balança não é igual: Sieyès alega, ao menos no primeiro momento, a formação insuficiente do eleitorado para se tornar legislador. O orador mobiliza a favor da representação todos os argumentos difundidos, desenvolvidos sobretudo por Montesquieu[44]: a imensidão do país impede a democracia direta, característica inelutável do governo das elites esclarecidas. Chega a anunciar a problemática de Benjamin Constant[45], opondo liberdade segundo os antigos e liberdades segundo os modernos,

44. Charles de Montesquieu (1689-1755): político, filósofo e escritor francês, severo crítico da monarquia absolutista e do clero católico. (N.T.)

45. Benjamin Constant (1767-1830): político e escritor francês, porta-voz do liberalismo, hostil ao despotismo imperial. (N.T.)

implantando-a na divisão do trabalho que toma emprestado de Adam Smith[46]; em outros termos, os modernos querem tempo livre para se ocupar de seus afazeres, o que é um fato globalmente proveitoso; o profissional da política desincumbe o cidadão médio de um investimento completo de si na vida da cidade. De um modo ainda mais sutil, ele descobre, depois de Hobbes[47], que uma vontade geral *una* só pode advir da deliberação de um número limitado de representantes que, finalmente, pronunciam-se pela pluralidade.

Está formando-se uma corrente – que poderia ser chamada de "humanismo cívico" – que não admite a existência de um corte entre o representado e o representante nem entre o homem e o cidadão, mas ela ainda é marginal. O que triunfa em 1789, num clima bem diferente, é um esboço da representação à inglesa, tal como foi desenvolvida no outro lado do canal da Mancha, num duplo movimento de afirmação e de desapossamento que anuncia de certo modo o itinerário de 1789: ao afirmar que o poder reside no país, desapossa-se o rei do poder, mas, ao mesmo tempo, o país cuja soberania é afirmada desapossa-se do poder pela substituição representativa de uma Assembléia, só ela capaz de discernimento.

Extraordinário ardil da história: a fim de que as grandes questões pudessem ser resolvidas, o próprio Luís XVI desejara que os mandatos dos deputados nos Estados Gerais fossem tão pouco imperativos quanto possível. Conseqüentemente, a Assembléia não podia se impor a não ser usurpando, diante do rei, os poderes de seus mandatários, afirmando-se não verdadeiramente como o local da soberania, mas como o do discurso proferido legitimamente em nome do soberano. Com certeza, na declaração dos direitos, democracia e representação parecem mantidas sobre a mesma base. O artigo 6 indica, no que diz respeito à lei, que "todos os cidadãos têm direito de participar pessoalmente ou por intermédio de seus representantes, na sua formação", e o artigo 14 afirma que

46. Adam Smith (1723-1790): economista e filósofo britânico, autor de *Investigação sobre as causas da riqueza das nações*. (N.T.)

47. Thomas Hobbes: filósofo inglês (1588-1679), autor de *Leviatã*, sua obra fundamental. Segundo ele, para viver em sociedade, o homem deve renunciar a seus direitos em favor de um soberano absoluto que garante a ordem. (N.T.)

"os cidadãos têm o direito de constatar, por si mesmos ou por intermédio de seus representantes, a necessidade de contribuição pública", mas a questão, na verdade, já está resolvida a favor da representação.

3. **A "constituição inglesa" rejeitada** – Quando a discussão constitucional é aberta em setembro, o terreno está de tal modo balizado que a Assembléia vai se contentar, basicamente, em homologar as conquistas. Quatro pontos vão mostrar que as soluções adotadas pela França afastam-se dos grandes modelos do constitucionalismo anglo-saxão: as questões da dissolução, do bicameralismo, do veto real e da compatibilidade entre as funções de deputado e de ministro. Com efeito, o otimismo racionalista dos constituintes os incita a desprezar e rejeitar os *checks and balances*, freios e contrapesos, do constitucionalismo com ressalvas de Blackstone[48] ou do *Federalist.*[49]

Em seu grande discurso de 4 de setembro, o moderado Mounier defende o direito de dissolução da câmara pelo rei, a sanção real aos textos de leis votados e o bicameralismo. Diferentemente de Mirabeau, Mounier não compreende verdadeiramente a evolução em curso – que se chamará mais tarde de "parlamentar" – da "constituição inglesa", mas as instituições que ele defende são inerentes à monarquia limitada que a Inglaterra há muito tempo vem praticando e que a França experimentará sob a Restauração e depois, em grande medida, sob a Monarquia de Julho. Mounier será derrotado em relação a esses três capítulos, em um clima passional, tanto na Assembléia quanto em Paris. É preciso dizer que a "constituição inglesa", por razões diversas, tornara-se impopular há mais de vinte anos; no espírito de alguns, chegou a arrastar em seu descrédito a constituição americana, julgada excessivamente britânica...

48. A obra de William Blackstone (1723-1780) divulgou o direito inglês e exerceu grande influência nas idéias constitucionais da Inglaterra. (N.T.)

49. Grupo dos homens de Estado que apoiaram a ratificação da constituição dos Estados Unidos entre 1787 e 1789. Os *Federalist Papers* são documentos associados a esse movimento. (N.T.)

O bicameralismo sofreu uma derrota particularmente dolorosa. Embora seus partidários sonhassem menos com uma Câmara dos Lordes do que com um senado misto, colidiram com a dinâmica unitária e racional da nova soberania que se afirmava. A derrota foi cruel, mesmo que os resultados do escrutínio de 10 de setembro tenham sido bastante estranhos, considerando-se o enorme absenteísmo e o enorme abstencionismo: de um total de cerca de 1.200 deputados, 499 se pronunciaram por uma câmara única, apenas 89 por duas câmaras, sendo que foram contadas 122 vozes ditas "perdidas ou sem voto".

A sanção real pura e simples tem mais partidários. Mirabeau adota nesse caso o ponto de vista dos moderados, os quais, contudo, não são unânimes; ele pede a plena participação do rei no exercício do poder legislativo, que o habilitaria a bloquear qualquer "decreto" (texto de lei votado) pela simples recusa de sua sanção. Conduzido juntamente com o precedente, esse debate conduz, depois da adoção do princípio do veto "por maioria esmagadora", a uma solução média conquistada por 673 vozes contra 325 e 11 "perdidas": o veto real não será absoluto, mas suspensivo (poderá ser desprezado, como posteriormente se estabelecerá, caso o decreto seja votado nos mesmos termos por duas novas legislaturas).

A favor do direito de dissolução da câmara pelo rei encontra-se a conjunção dos moderados, quase unânimes dessa vez, e de Mirabeau. A questão é raramente considerada em si; abordada o mais das vezes em ligação com a do veto, não recebe resposta clara e específica. A Assembléia podia julgá-la incongruente; de fato, a constituinte pretendia encarnar a soberania, acreditava ser a única com condições de manifestar a vontade geral racional diante da vontade particular do rei e não se esquecera dos temores de dissolução e dispensa de algumas semanas antes.

No dia 7 de novembro, finalmente, num discurso pleno de humor, Mirabeau se manifestará a favor da compatibilidade das funções de deputado e de ministro. Suas ambições inquietarão e incitarão a maioria a não segui-lo. Eles temem a corrupção da Assembléia pelo atrativo das funções ministeriais (argumento reversível: em 1958, o general de Gaulle apelará para a incompatibilidade para evitar a corrupção da ação governamental pelo encanto das câmaras...).

Privado de legitimidade pelo deslocamento da soberania, confrontado com uma assembléia única que amplifica a doutrina da representação e reforça a ausência do direito de dissolução, dotado de um direito de veto capaz de exasperar os "patriotas", mas que não o associa plenamente ao poder legislativo, com os deputados mais brilhantes impedidos de chegar aos ministérios, Luís XVI, na verdade já nu, vê assim serem jogadas longe as alfaias constitucionais que lhe teriam permitido, de fato, manter algum prestígio real.

4. **Os dias de outubro** – O rei demora a sancionar os decretos de agosto. Alguns de seus ministros são impopulares; a atitude dos monarquianos parece indicar que estão querendo parar a Revolução. A Paris revolucionária inquieta-se, às voltas com dificuldades de abastecimento que geram rebeliões. O anúncio da chegada de dois regimentos a Versalhes põe fogo na pólvora. Em 4 de outubro, desencadeia-se um rumor em Paris: durante o banquete da guarda pessoal, a insígnia tricolor teria sido pisoteada e a nação teria sido insultada... Uma revolta da fome desencadeia-se em 5 de outubro; ela é habilmente canalizada. Um grande contingente de mulheres do Le Halle e do Faubourg, cercado e seguido por homens, e, depois, à boa distância, por La Fayette[50] e pela Guarda Nacional, marcha sobre Versalhes para reclamar pão ao rei (na verdade, com a intenção de fazê-lo voltar para Paris). Mais uma vez, Luís XVI renuncia ao enfrentamento pelas armas. Ele aceita sancionar os decretos de agosto e "concorda" com a declaração dos direitos e com os primeiros artigos constitucionais. Esforço vão. Por impotência ou cálculo, La Fayette tergiversa. A multidão invade o castelo e exige o retorno do rei a Paris. A guarda pessoal é perseguida e massacrada até mesmo dentro dos apartamentos reais. Luís XVI inclina-se e toma a estrada de Paris. Na tarde de 6 de outubro, instala-se nas Tuileries. A

50. Marquês de La Fayette (1757-1834): militar francês, foi general na guerra revolucionária americana sob o comando de George Washington e líder da Guarda Nacional durante a Revolução Francesa. (N.T.)

Assembléia o seguirá alguns dias mais tarde, colocando-se à mercê de todas as pressões da grande cidade.

> Constata-se, nos quatro últimos meses de 1789, um aumento do número de deputados demissionários: cerca de cinqüenta (contra uns vinte anteriores), a maioria substituída por suplentes. Dentre eles, uma parte dos moderados em torno de Mounier, ele mesmo ameaçado fisicamente, o que o fará emigrar pouco depois. Essas demissões – e sobretudo um absenteísmo irregular, porém crescente (entre 150 e 250 deputados ausentes na época do debate constitucional; de 250 a 550 no final de 1789, ou seja, entre um quarto e a metade do efetivo) – contribuem para modificar o equilíbrio político da Assembléia. Dentre os moderados que restam, muitos, aterrorizados, já adotaram o hábito de curvar as costas e deixar cara a cara os "patriotas" mais veementes e a direita revolucionária.

Luís XVI e a Assembléia são agora reféns do que se chama impropriamente – pois a maior parte dos cidadãos está cuidando da própria vida – de "povo de Paris". A capital afirma-se cada vez mais como uma espécie de terceiro poder, de certa forma como um centro de impulsão da Revolução. Tendo como base uma angústia relacionada ao abastecimento de trigo, e com sua mistura inextricável de espontaneidade, violência assassina e manipulação política, os dias de outubro de 1789 constituem, melhor do que o fortuito e anárquico 14 de julho, o modelo das famosas "jornadas revolucionárias", sublevações típicas do período 1789-1795 destinadas a exercer uma pressão física sobre as autoridades.

V – "A solução" da questão financeira

As questões sociais, políticas e constitucionais quase fizeram com que fosse esquecida a missão primordial da Assembléia, que era solucionar a crise financeira. Os recursos escasseavam; a recusa do imposto, as revoltas antifiscais, a desorganização administrativa, a fuga de capitais – os empréstimos lançados por Necker resultaram em fracassos – impõem a necessidade de uma solução urgente. A mais simples era confiscar os bens da Igreja, expropriando o clero.

> Esboçada no dia seguinte a 4 de agosto, relançada por Talleyrand, prelado de alto nascimento e de um cinismo hoje legendário, a idéia foi retomada por Mirabeau em dois discursos longos, estruturados e capciosos, que pretendiam demonstrar "uma única coisa: que toda nação é, e deve ser em princípio, a única e verdadeira proprietária dos bens de seu clero". O abade Maury, um dos oradores mais brilhantes da direita, objetou, em um discurso fulgurante, que a propriedade eclesiástica era da mesma natureza que a do cidadão – portanto tão sagrada quanto – e que provinha de doações que seriam desviadas de sua destinação inicial, substituindo-se uma bancarrota por um confisco.

Em 2 de novembro, violando o artigo 17 da recente Declaração dos Direitos do Homem (pois não haverá "justa e prévia indenização"), a Assembléia, por 568 vozes contra 346 e 40 nulas, decreta que "todos os bens eclesiásticos estão à disposição da nação e se destinarão a prover, de maneira adequada, recursos para as despesas do culto, da manutenção de seus ministros e do alívio dos pobres". Resposta simples, que soluciona o anticlericalismo de muitos, essa decisão capital traz duas conseqüências: a emissão imediata de maciça e *assignats*[51] e – a curto prazo – a constituição civil do clero (ver capítulo IV).

A venda de imensos domínios da Igreja levaria longos anos, como foi o caso. Tendo em vista a urgência, a constituinte fez desses "domínios nacionais" a garantia de um papel – que se tornou moeda no ano seguinte – que seus detentores poderiam trocar por terra. Por um decreto de 19-21 de dezembro de 1789, emitem-se 400 milhões de *assignats*; é o começo de uma verdadeira aposta no futuro. Quanto aos bens nacionais, eles serão vendidos em leilões em condições de pagamento muito favoráveis (prestações escalonadas em dez anos).

---

51. Papel-moeda criado durante a Revolução Francesa. (N.T.)

Camponeses ricos e sobretudo burgueses urbanos ficarão com a parte do leão. Agricultores de recursos modestos, salvo se reunidos em sindicatos de compradores – uma prática que será proibida em 1793 –, só poderão se aproveitar muito parcialmente da liquidação dos bens nacionais; eles deverão se contentar em comprar pequenos domínios, de preferência os bens dos emigrados, loteados e postos também à venda. De uma forma ou de outra, grandes ou pequenos, os adquirentes terão ligado sua sorte à da Revolução.

O Antigo Regime político e social será varrido em poucos meses. A ruptura é impressionante, absoluta, definitiva. Seu próprio radicalismo, assentado em uma sociedade ainda arcaica – relativamente, pois, na Europa da época, a França é um país desenvolvido –, contém em germe a maior parte das evoluções futuras. O essencial está instalado; falta ver suas virtualidades se desenvolverem. A Revolução só está começando.

CAPÍTULO III

O ESPÍRITO DE OITENTA E NOVE E A DECLARAÇÃO DOS DIREITOS DO HOMEM E DO CIDADÃO

Foi de propósito não listarmos até agora as famosas "causas" de 1789: a esse respeito impõe-se uma extrema prudência.

> O edifício cambaleante do Antigo Regime precisava sem dúvida dar lugar, de uma maneira ou de outra, a uma novo regime político e social, que teria assumido uma configuração bastante próxima da que efetivamente adotou. Isso posto, não se pode afirmar que fosse inevitável o acontecimento-Revolução que tanto pesou na história francesa.
>
> Na escala da "macro-história", é possível apreender a manifestação da Modernidade em cinco ou seis séculos; é a tarefa do filósofo da história. Não é proibido, na escala da "micro-história", vasculhar o circunstancial em toda a sua riqueza; tal é o papel da história memorial. O procedimento intermediário – chamemos de sociologia histórica –, que visa a casar o longo prazo do movimento do espírito humano e o curto prazo do dia-a-dia revolucionário, comporta dois riscos: se ele desenvolve até o infinito o catálogo das "causas" e refina exageradamente o quadro de sua interação (sem conseguir completá-lo), aproxima-se da história memorial; se reduz o número de causas ou pretende imputar o fluxo histórico a uma causa determinante, alça-se até as (excessivamente?) amplas perspectivas da filosofia da história.

Foi por isso que nos ativemos até aqui a uma análise flexível e modesta das circunstâncias da Revolução. Não se pretendeu hierarquizá-las, esgotá-las *a fortiori*; tratou-se, esboçando um relato, de fazer compreender como não é absurdo qualificar de "pré-Revolução" os anos 1787-1789. Mas não se poderia compreender a Revolução sem recolocá-la em um quadro mais amplo. O que o acontecimento tem de singular – à parte a densidade singular de todo acontecimento – deve-se a seu local de eclosão: a França do final do século XVIII; quanto a seu caráter universal, ele resultou da configuração durável que proporcionou ao espírito moderno, mesmo que por vezes ambígua, cujos frutos serão colhidos, não sem desvios, atrasos, retornos ou esquecimentos, nos séculos XIX e XX.

Esse espírito está em boa parte condensado na Declaração dos Direitos do Homem e do Cidadão de 26 de agosto de 1789; donde a imensa repercussão desse texto e sua atualidade, apesar de alguns aspectos datados ou suscetíveis de leituras diversas. Mesmo sem examinar a fundo a questão da justiça constitucional, não nos surpreende hoje ver o Conselho constitucional censurar, em nome de uma proclamação bicentenária, textos de leis votados: mesmo que a Declaração se refira ao "momento Oitenta e Nove" quanto à sua idéia, manifesta igualmente, melhor do que nenhum outro documento anterior, a concepção moderna do direito.

I – O espírito de Oitenta e Nove e o Iluminismo

O Iluminismo é infinitamente mais complexo e partilhado do que se pensa normalmente. Da mesma maneira, ele marca menos uma ruptura do que uma inflexão e aceleração do processo de Modernidade, cujas raízes remontam aos conflitos teológicos e filosóficos dos séculos XIII e XIV.

1. **Pré-história dos direitos do homem** – A São Tomás de Aquino, marcado pelo cosmocentrismo arcaico, opuseram-se Duns Scot e sobretudo Guilherme de Occam, que, depois de Santo Agostinho, explicitaram mais radicalmente as conseqüências do teocentrismo judaico-cristão. No século XVI, esses conflitos medievais tornaram a eclodir e se recompuseram.

> Muito hostil às pretensões orgulhosas da razão humana, a Reforma protestante pretendeu, depois dos adversários de São Tomás, desvalorizar a idéia de uma ordem natural que

parecia restringir o poder infinito divino e afirmar – em Deus – a primazia da vontade sobre o intelecto. A Reforma pareceu, pelo menos no começo, rejeitar qualquer idéia de uma Lei natural, de um direito objetivo cognoscível pela razão humana e suscetível de constituir a norma da lei estabelecida pelos homens em sociedade; ela exaltou, por um lado, a Lei divina e, por outro, a lei positiva[52], instrumento providencial do castigo dos homens privados do estado de graça. De um outro ponto de vista, sua teologia contribuiu para a promoção do individualismo.

Do outro lado, a Segunda escolástica[53], principalmente espanhola, tentou ultrapassar os conflitos teológico-filosóficos do final da Idade Média reconciliando-se com São Tomás e indo buscar suas idéias junto de seus adversários. Assim, ela concluiu a elaboração dos "protodireitos do homem" ao final de um raciocínio estimulado pela experiência da colonização americana. A questão levantada era clara: os índios, exteriores à verdadeira fé, podiam ser titulares de direitos inerentes à sua qualidade de homens? A resposta dos teólogos juristas foi positiva.

Há muito tempo o poder de Deus sobre o mundo vinha sendo apresentado como um *dominium*, dominação de um mestre (*dominus*) sobre seu domínio (os teólogos tomavam emprestado a noção dos juristas; os dois meios se interpenetravam). Em um clima filosófico que exaltava o absoluto poder divino, a dominação de Deus sobre o mundo era concebida de maneira absoluta. Contudo, pouco a pouco, foi sendo apresentada como um direito (*jus*), e a palavra *jus* acabou contaminada por tal emprego. Na concepção romana e clássica, o *jus* era algo que resultava de uma partilha conforme a justiça, a cada um cabendo sua parte; doravante, tende a se tornar faculdade da pessoa – de início divina –, inerente a ela, o que mais tarde será chamado de direito subjetivo. O *dominium* divino tende a se tornar *dominium* humano, pois Deus, diz a *Gênese*, deu o mundo ao homem; a exemplo do domínio

52. Lei promulgada para reger uma comunidade, fruto da mente do legislador. (N.T.)

53. Escola de pensamento dominante na Península Ibérica no século XIII. Correspondeu à necessidade de repensar a compreensão cristã do homem e da convivência humana, envolvendo assim o Direito e o Estado. (N.T.)

divino do qual ele faz parte e prolonga, o domínio humano deve ser concebido como um *poder-direito* sem limite, inato, universal. Esse direito bem depressa é visto como ligado à natureza do homem *a priori*; ele não resulta mais de uma partilha instruída pela justiça.

Como o domínio humano obtém seu poder apenas do domínio divino, que estabelece os limites, a questão que se coloca é saber se o pagão ou até mesmo o pecador pode possuí-lo. Muitos autores claramente estabeleceram que o dom dado ao homem é fruto de uma prerrogativa ligada a Deus e que a participação no domínio não pertence ao homem em virtude de sua própria natureza, mas pelo fato de o homem ser justificado pela graça. Os teólogos da contra-reforma não param por aí. No contrapé da Reforma, conjugam neotomismo e humanismo para conceder alguma autonomia ao jogo natural e social do mundo e distender o elo entre *dominium* divino e *dominium* humano: o segundo permanece sustentado pelo primeiro e obtém dele seu vigor, mas com uma certa autonomia que a secularização posterior do pensamento não cessará de aumentar. Por volta de 1540, o frei pregador Francisco de Vitória, em sua obra *Os índios e o direito da guerra*, estima que os índios são homens dotados de direitos inerentes à sua natureza, notadamente do direito de propriedade. Assim, a propriedade torna-se o modelo e o ancestral de todos os direitos do homem.

2. **A escola moderna do direito natural e a obra de Locke** – A influência da Segunda escolástica marcou profundamente não só a Europa católica, como também a Europa protestante. Em contato com o individualismo encorajado pela Reforma, ela contribuiu bastante para a formação da escola moderna do Direito natural.

O filósofo holandês Grotius é considerado o fundador de uma escola cujos principais representantes, por volta de 1680, são o britânico Cumberland e o alemão Pufendorf; ela se estenderá até a metade do século XVIII com o suíço Burlamarqui e o alemão Wolff. Esse jusnaturalismo moderno[54]

54. Jusnaturalismo (o mesmo que direito natural): conjunto de regras e doutrinas fundamentadas no bom senso, na sensibilidade para com a natureza humana, na eqüidade e, portanto, não-dependente de circunstâncias em sua adequação aos sistemas jurídicos. (N.T.)

acredita que é possível conhecer – essencialmente através da razão – os preceitos da Lei natural. Os primeiros princípios dessa Lei podem ser conhecidos pela evidência, e suas conseqüências, sabidas por dedução. Tal pensamento choca-se com um obstáculo: o que fazer quando a lei positiva, emanada de um rei ou de uma assembléia, contradiz a Lei natural? Nesse caso, a maior parte dos jusnaturalistas oscila entre a apologia da obediência e uma discreta abertura na direção da resistência à opressão.

A França está um pouco afastada desse estilo de pensamento. No século XVII, os herdeiros dos "legistas" da monarquia ainda são os mais bem-posicionados no campo do pensamento político. Por outro lado, o jansenismo, difundido entre os juristas, substitui, *grosso modo*, a hostilidade primitiva da Reforma ao jusnaturalismo racionalista, ao mesmo tempo se mostrando muitas vezes, assim como a Reforma, conciliador (Domat[55]). Depois da morte de Luís XIV, a França vai se envolver no debate de tais questões; contudo, ela será menos marcada pelo Direito natural moderno em sua versão ultra-racionalista do que pelo cunho do grande pensador inglês do final do século XVII: John Locke.

De uma certa maneira, Locke tem um débito com a Segunda escolástica, ou mesmo com o primeiro jusnaturalismo moderno. O conceito central de seu pensamento é o de *property*, que engloba a propriedade de si mesmo (mais um usufruto, pois pertencemos ao Criador, donde a proibição do suicídio) – ou seja, a liberdade e a segurança – e a liberdade das coisas, que é o seu prolongamento, devido à parte de si mesmo que se põe nas coisas pelo trabalho. Mas Locke não atribui à razão o mesmo status que a maioria dos jusnaturalistas; para ele, esta é apenas uma "poderosa faculdade de argumentação" a partir da experiência sensível (é a rejeição das idéias "inatas" caras a Descartes e de todas as variantes da iluminação agostiniana). Não se trata, pois, de expor em seqüência um catálogo de direitos naturais: o *fato* de todas as pessoas terem liberdade idêntica é convertido em *direito* pela mediação da razão, razão que obriga cada pessoa a admitir que sua própria liberdade passa pelo reconhecimento da liberdade

55. Jean Domat (1625-1696): jurisconsulto francês cuja obra preparou a unificação do direito. (N.T.)

das demais. Os direitos naturais de cada um, resultantes do que se conhece com certeza da Lei natural, conduzem à liberdade, à igualdade e à propriedade, em suma, à *property*.

Os direitos naturais devem ser respeitados pela lei positiva; o homem, com efeito, não abandonou o estado de natureza senão para se assegurar de que tais direitos estejam garantidos. Segundo Locke, o estado de natureza não é tão sombrio quanto o de seu predecessor Hobbes, mas, mesmo assim, não pára de se degradar: à medida que o tempo passa, o direito individual de se fazer justiça degenera; o surgimento da moeda engendra desigualdade, fonte de tensões; o crescimento da população provoca disputas e penúria.

Ao passar para o estado social, ao criar o Estado, submetendo-se à regra da maioria e à lei positiva, o homem não pôde transmitir ao poder público prerrogativas de que ele mesmo não dispunha, assim como não pretendeu renunciar aos seus direitos naturais. Ao contrário, ele quis tornar os direitos naturais mais assegurados; as leis positivas devem ter como finalidade e como limite a melhor realização dos direitos naturais de cada pessoa, que é seu único fundamento.

Estruturalmente, tal esquema é o da escola moderna do Direito natural; difere dele no conteúdo. O fato de a Lei natural ser menos amplamente cognoscível em Locke libera a liberdade individual e a lei positiva, e tal liberação será ainda reforçada pelos lockeanos, que romperão, uns mais, outros menos, com o profundo arraigamento religioso do mestre.

Ouçamos Voltaire estigmatizar as obras de Grotius e de Pufendorf – "possivelmente, nada contribuirá mais para tornar um espírito falso, obscuro, confuso, incerto do que a leitura desses autores" – ou o pensamento dos leibnizianos[56]: "Eu me vejo transportado de repente para um clima cujo ar não posso respirar, para um terreno no qual não posso botar os pés, para junto de gente cuja língua não entendo [...] somos de duas religiões diferentes". Voltaire tem para Wolff estas palavras amáveis: "falastrão germânico [...] que não tem a honra de ser o inventor dessas bobagens, Volffius coloca as invenções dos outros em trinta volumes e por isso não tem

56. Adeptos da doutrina do filósofo e matemático alemão Gottfried Wilhelm von Leibniz (1646-1716), a qual se apresenta como um idealismo espiritualista e pluralista. (N.T.)

tempo para inventar. Esse homem leva para a Alemanha todos os horrores da escolástica, sobrecarregada de razões suficientes, de mônadas, de indiscerníveis e de todos os absurdos que Leibniz colocou no mundo por vaidade e que os alemães estudam porque são alemães." Ou ainda: "esses metafísicos não sabem o que dizem e todas as suas obras me fazem gostar mais de Locke".

O que Voltaire detesta no racionalismo jusnaturalista é o despotismo da razão que substituiu o antigo despotismo da religião, pois convém emancipar a liberdade de todas as autoridades, tanto a da Igreja quanto a dos filósofos fazedores de tratados sobre o bom uso da liberdade... O autor do *Tratado sobre os costumes* não duvida da universalidade da lei moral, mas julga inaceitável, salvo alguns grandes princípios, a pretensão dos jusnaturalistas tardios de se fazerem professores de ética dos indivíduos e dos legisladores. Uma vez afirmada a liberdade humana, trata-se de assumir as conseqüências: legar a todo indivíduo a livre determinação dos fins adequados para assegurar a própria felicidade; deixar qualquer ação útil à lei civil, fruto da livre determinação coletiva dos homens, contanto que tal lei não destrua sua legitimidade atentando contra o que a liberdade individual tem de irreprimível.

Esse lockanismo à francesa, dominante nas elites intelectuais na véspera da Revolução, permanece um tanto vago. É sobretudo marcado por certos traços próprios ao clima nacional – o claro racionalismo, por exemplo – e interage com inspirações complementares ou divergentes.

3. **Uma vulgata filosófica na véspera da Revolução: o sensacionismo racionalista** – As pessoas facilmente se perdem na efervescência da cultura política pré-revolucionária, cultura em parte européia, recebida de modo bastante diferente segundo o país. Na França, os grandes anglo-escoceses são traduzidos ou lidos no original – mas não necessariamente compreendidos – e vários italianos obtêm uma vasta audiência (por exemplo, Beccaria[57]).

57. Cesare Beccaria (1738-1794): economista e criminologista italiano, foi um dos primeiros a analisar as funções dos capitais e a divisão do trabalho. (N.T.)

É impossível pintar o afresco completo e freqüentemente contraditório dessa paisagem intelectual. Retenhamos simplesmente que, na França, o lockanismo adotou, depois de Condillac[58], uma coloração particular conhecida sob o nome de "sensacionismo". O sensacionismo afirma que não há conhecimento direto pela razão em si – idéias inatas ou iluminação – e que a razão só atua a partir de conhecimentos fornecidos pelos sentidos; porém, a convicção dessa escola dominante é de que há uma ordem do mundo e de que os sentidos permitem um conhecimento certo e evidente dessa ordem racional. Hostis a um certo racionalismo, os sensacionistas franceses juntam-se ao racionalismo por um outro caminho, diferente do caminho de seus adversários: afastam-se, como se vê, de Voltaire... O sensacionismo também apresenta nuances, sensivelmente em alguns (Diderot, Helvétius, Holbach), de materialismo, às vezes de ateísmo; contudo, não se pode generalizar, e uma das correntes de pensamento mais importantes dos anos 1760-1780, a fisiocracia, não adotou esta última via.

Os fisiocratas pretendiam retraçar os caminhos do "governo da natureza". De uma maneira geral, só retivemos dessa corrente sua parte econômica – somente a agricultura engendra um "produto líquido"; a liberdade do comércio e a livre circulação dos grãos conduzem ao "preço certo" – e sua apologia da propriedade agrária. Mas a "seita dos economistas", como diziam seus detratores, tinha uma filosofia completa, a de seu fundador, o médico Quesnay. Ele misturava principalmente sensacionismo e racionalismo malebranchista (do nome do pós-cartesiano Malebranche[59]) para insistir, mais do que nenhuma outra corrente, na existência de uma ordem natural e na possibilidade de se ter dela um conhecimento extenso e evidente.

Durante um tempo, os fisiocratas insistiram no "despotismo da evidência", ou seja, em termos políticos, no despotismo esclarecido. Eles não eram os únicos, longe disso, mas sua

58. Éienne Bonnot de Condillac (1715-1780): filósofo francês, elaborou a doutrina do sensacionismo, que defende o princípio de que todas as idéias provêm dos sentidos. (N.T.)

59. Nicolas Malebranche (1638-1715): filósofo e teólogo francês. (N.T.)

construção era particularmente rígida, como atesta a obra famosa de Le Mercier de la Rivière, *L'ordre naturel et essenciel des sociétés politiques* (1767) [A ordem natural e essencial das sociedades políticas]. Na véspera da Revolução, tinham evoluído para um liberalismo maior e perdido um pouco de sua audiência, bastante extensa no fim do reinado de Luís XV a despeito dos ataques de Voltaire, Diderot e Galiani, mas ainda era forte a influência de seu extremo racionalismo.

Sensacionismo e racionalismo em doses variáveis, eventualmente com um condimento de materialismo: é o que parece ter sido o coquetel mais difundido entre as elites da inteligência na véspera da Revolução. De um ponto de vista mais político, ora domina um liberalismo lockeano racionalizado, ora uma certa aceitação, cada vez mais rara, do despotismo esclarecido. Mas o fato de serem difundidos não significa que esse coquetel e essas variantes políticas sejam exclusivos: é preciso abrir um considerável espaço para as grandes obras de Montesquieu e Rousseau.

4. **Montesquieu, Rousseau e a fé nas estruturações** – A glória de Montesquieu declinou bem antes da Revolução, mesmo que ele sempre tenha conservado partidários. Em geral, seus seguidores são pouco capazes de conhecer em profundidade uma obra complexa e desconcertante. Em filosofia, Montesquieu, um gigante incomum, parece escapar a todas as correntes. A lição, apressada, que alguns captaram, limita-se ao capítulo VI do livro XI de *O espírito das leis*, "Da constituição da Inglaterra", e à admiração pela mencionada constituição; uma admiração que tem a ver menos com as rápidas transformações da constituição britânica do que com a idéia estereotipada que se faz dela. As concepções dos admiradores da Inglaterra naufragaram, como se viu, a partir do mês de setembro de 1789, com a derrota dos monarquianos no debate constitucional; foi de uma outra maneira que a obra de Montesquieu contribuiu para delinear as concepções dos constituintes.

O caso de Rousseau é ainda mais difícil de delimitar. No passado, tinha-se como certo que a geração de 1789 fora marcada pela obra de Jean-Jacques, com exceção do *Contrato social*, cuja influência teria sido mais tardia, por intermédio dos jacobinos. Entretanto, hoje alguns crêem discernir um rousseaunismo político dominante em 1789 e interpretam como sendo fruto de sua exclusiva influência a Declaração dos Direitos do Homem e do Cidadão.

> O *Contrato social* suscita enormes dificuldades. Reduzida ao que tem de mais simples, a obra almeja resolver a questão na qual tropeçava o jusnaturalismo moderno: como fazer para que a lei positiva não viole, mas, ao contrário, realize a Lei natural, a Lei cujo conhecimento, para Jean-Jacques, decorre ao mesmo tempo da razão e do sentimento? A alquimia que transforma humanidade em cidadania e a Lei natural em lei positiva, emancipadora, tem um instrumento: a "vontade geral".
>
> No século XVIII, do malebranchismo a Diderot e à Declaração, a vontade geral é suscetível de muitas leituras. Para Rousseau, ela é a vontade que, geral para seus autores e seus destinatários e quanto a seu objeto, partindo de todos para se aplicar a todos, não trai a Lei natural: se cada um é autor e destinatário da lei positiva, não há por que pensar que todos possam querer se prejudicar. Mas o pensamento de Rousseau tem uma outra profundidade; para ele, o critério da vontade geral não é verdadeiramente voluntarista; Jean-Jacques não leva exclusivamente em conta a quase unanimidade dos autores e dos destinatários; a vontade geral tem uma certa qualidade que a faz ser como é, qualidade cujo mistério vem a ser o mesmo do rousseanismo político.
>
> Para quem lê Rousseau ao pé da letra, fica claro que ninguém desejaria se prejudicar; conseqüentemente, exclui-se a possibilidade de que a vontade de quase todos, tomada dessa vez como simples vontade, possa errar. Contudo, o próprio Rousseau denuncia o caráter persuasivo dessa construção. Ele invalida a vontade geral nos dois aspectos de sua generalidade. Por um lado, Jean-Jacques considera que a vontade majoritária – e não só unânime ou quase – constrange o cidadão. Não que ele se regozije ou abone antecipadamente o fluxo legislativo futuro, apoiado por maiorias muito reduzidas e ainda mais relativas por serem majoritariamente de representantes e não de cidadãos, cuja legitimidade ele mesmo repele com vigor; ao contrário, considera que deve haver poucas leis, em conformidade com o amadurecimento

do espírito público. Contudo, a questão permanece: a seu ver, como conseqüência do contrato social, uns poucos se verão constrangidos pela vontade de muitos. Por outro lado, Rousseau invalida a generalidade da lei para seus destinatários. Ele considera que a aptidão de qualquer um para compreender a vontade geral supõe que não haja desigualdades excessivamente grandes. Miséria e riqueza extremas engendram – a Inglaterra de seu tempo demonstrou-lhe – a corrupção. Um sentido agudíssimo dos interesses particulares desemboca no pluralismo, na dispersão, no enfrentamento das vontades particulares, não no acesso unânime à vontade geral. Em vista disso, a lei deve igualar suficientemente as condições, levar em consideração categorias sociais, deixando assim de ser universal.

Mesmo supondo que Rousseau tenha acreditado que o "rousseanismo" era possível, viram-se poucos rousseanistas políticos em 1789. Até os revolucionários mais avançados admitem a representação política, o exercício da função legislativa por eleitos livres em suas decisões. Poderia ser diferente? A Assembléia nacional formou-se rompendo com a doutrina arcaica do mandato imperativo, que ligava os deputados dos Estados Gerais a seus eleitores; agindo assim, ela legitimou a representação, a besta negra da política moderna que Jean-Jacques, horrorizado, via se estabelecer na Inglaterra.

Há poucos rousseanistas e, no final das contas, poucos partidários de Montesquieu. Do primeiro, a maior parte dos constituintes esqueceu as exigências quase arcaicas da vontade geral; do segundo, no fundo, rejeitou a sutil distribuição dos órgãos e funções, o que às vezes se chama, de maneira sumária, de "separação dos poderes", versão francesa dos *checks and balances* anglo-saxões. Desses dois mestres, opostos em mais de um aspecto, conservaram contudo uma grande confiança na lei produzida segundo certas estruturações. Lido de uma forma um tanto corrida, o pensamento de Rousseau dizia que a lei, expressão da vontade geral (cujas condições eram esquecidas), era necessariamente boa. Precariamente compreendida, a doutrina de Montesquieu ensinava que a lei produzida segundo os bons procedimentos constitucionais não poderia atentar contra a liberdade. A lição conjunta desses autores, sucedida por tantas outras, era clara, e os espíritos mais avançados subscreveram: a lei positiva é, sob certas condições, intrinsecamente racional e emancipadora.

5. **O pensamento de Oitenta e Nove: o direito natural, a lei positiva, o direito pela lei** – A despeito de suas tensões internas, o pensamento de Oitenta e Nove é bastante coerente. Na Assembléia, todos estão de acordo em proclamar abertamente no mínimo alguns direitos de nascença do homem: a igual liberdade segundo Rousseau, a igual liberdade e a propriedade segundo Locke. Os mais influenciados pela fisiocracia e os mais próximos do jusnaturalismo racionalista iriam de boa vontade mais longe; porém, estes últimos não têm razão para pensar que o legislador racional agirá contra a evidência e admitem que não se faça um catálogo do Direito natural. Os mais influenciados por Rousseau, mesmo que tenham abandonado pelo caminho boa parte da mensagem, apostam, para constituir o direito, na lei como expressão da vontade geral. Os lockeanos franceses, impregnados do legicentrismo dominante e mais racionalistas do que seus colegas britânicos, admitem a fraca extensão de nosso conhecimento da Lei natural, ao mesmo tempo reconhecendo no legislador a aptidão para produzir leis positivas que garantam os direitos naturais e até mesmo – conforme um tema do *Ensaio sobre o entendimento humano*, de Locke – fortaleçam proposições morais senão certas, ao menos prováveis. Muitos deles, como Sieyès, vão além e julgam possível uma verdadeira ciência da legislação.

6. **Iluminismo e Revolução** – À paisagem do Iluminismo na França da véspera da Revolução seria necessário acrescentar mais alguns traços: toque um tanto sombrio do mesmerismo (do nome do médico vienense Mesmer) que fascinou tantos membros da *intelligentsia*; um toque sutil da contra-revolução antes da Revolução, aculturada pelo Iluminismo, que prepara, geralmente em torno da Igreja Católica, provisórias reconquistas posteriores; um toque pré-romântico; um toque jansenista, jamais ausente, que marcará certos momentos do trabalho declaratório etc. Mas a grande questão permanece

espinhosa: a Revolução é filha do Iluminismo? A resposta de alguns de seus representantes que viveram o acontecimento será em geral desprovida de ambigüidade. "Os filósofos", escreve Morellet[60], "não quiseram nem fazer tudo o que se fez, nem agir usando todos os meios que foram adotados, nem concluir [a Revolução] em tão pouco tempo quanto se levou para fazer. Em outros termos, a filosofia não aconselhou as iniqüidades e as extravagâncias que foram misturadas à causa da liberdade, nem quis que se chamasse um povo ignorante e feroz para fazer a constituição, nem que as mudanças mais justas e mais necessárias fossem feitas com uma precipitação que negligenciou todas as precauções da prudência."

O mais das vezes, os líderes do Iluminismo acreditaram na reforma e na racionalização do Antigo Regime, sem a condenação radical da monarquia e de todas as estratificações sociais. A maior parte desses homens de espírito estava excessivamente comprometida com uma forma de elitismo esclarecido, do qual a Academia se tornara o bastião, para apoiar sem desgosto as explosões populares da Revolução. A famosa seita "holbachista"[61], de reputação tão demoníaca, verá seus membros sobreviventes no mínimo reservados. Da mesma maneira, os 38 enciclopedistas ainda vivos sob o Terror serão, no conjunto, muito desfavoráveis ao movimento. E reciprocamente: Robespierre, depois da *Profissão de fé do vigário de Sabóia*, de Rousseau, passou a odiar as grandes figuras do Iluminismo, por vezes materialistas e freqüentemente atéias; ele mandará quebrar nos jacobinos, em 5 de dezembro de 1792, junto com o busto de Mirabeau, o de Helvétius... Quanto ao abade Raynal, autor da devastadora *Histoire philosophique et politique des établissements e du commerce des européens dans les deux Indes* [História filosófica e política dos estabelecimentos e do comércio europeu nas duas Índias], ele é amigo do conservador monarquiano

60. André Morellet (1727-1819): orador e filósofo francês de orientação religiosa. (N.T.)

61. Paul Henri Holbach (1723-1789): filósofo francês, colaborador da Enciclopédia, materialista, ateu, atacou a Igreja e a monarquia de direito divino. (N.T.)

Malouet e encara a Revolução, em um primeiro momento, com reticência. As posições de Marmontel[62], Suard[63], Naigeon[64] e tantos outros serão idênticas.

É verdade, entretanto, que a exigência racionalizadora, na medida em que exigia a secularização, era subversiva para um poder cuja legitimação era de certo modo sagrada e que a determinação de modernizar profundamente um sistema tão emaranhado de interesses contraditórios não podia acontecer sem solavancos, fatais para um edifício carcomido. Ademais, a irrupção, em 1789, de alguns temas políticos do Iluminismo fora dos meios estreitos que os discutiam até então – e num cenário de culturas populares tradicionais – provocava graves distorções nas representações; resultava também em tensões entre tempos políticos diversos que pareciam alimentar, desde o verão de 1789, várias revoluções em parte distintas, em suma, profundíssimos traumatismos e guinadas imprevisíveis.

Impõem-se duas observações complementares. Por um lado, a terceira geração de "grandes" iluministas, com Condorcet[65] e os futuros ideólogos (Volney, Garat) em torno do salão da viúva de Helvétius, em Auteuil, é mais radical do que a precedente; os mais avançados, como Condorcet, serão conduzidos a se aliar com a Gironde.[66] Por outro lado, não se pode subestimar o peso, nos últimos anos que precedem 1789, do baixo clero laico do Iluminismo, *intelligentsia* desclassificada, boêmia literária formada de apaniguados de Diderot ou de "Rousseau das sarjetas" (expressão de R. Darnton) à qual pertencem Marat, Brissot, Sébastien Mercier, Carra, Camille Desmoulin e outros maus escritores que transformam em sistema seu ressentimento e seu amargor de intelectuais frustrados contra os grandes *parvenus* da intelectualidade e de uma sociedade que eles julgam corrompida. Depreciando essa

---

62. Jean-François Marmontel (1723-1799): historiador e escritor francês, protegido de Voltaire. (N.T.)

63. Jean-Baptiste-Antoine Suard: (1733-1817): homem de letras e jornalista francês. (N.T.)

64. Jacques-André Naigeon (1738-1810): filósofo francês. (N.T.)

65. Marquês de Condorcet (1743-1794): filósofo, matemático, economista e político francês. (N.T.)

66. Departamento francês. O partido girondino formou-se em 1791 em torno de alguns deputados desta região. (N.T.)

sociedade, a monarquia e a Igreja Católica em abundantes publicações de segunda classe, propositalmente escandalosas, essa "literatura sórdida" foi mais perigosa para o Antigo Regime do que os escritos dos filósofos mais ousados.

II – A Declaração dos Direitos do Homem e do Cidadão

1. **O trabalho declaratório** – Diversos *cahiers de doléances* vinham pedindo uma declaração de direitos. Alguns chegavam a conter o esboço de um projeto. Diversos documentos dessa natureza circularam antes das eleições para os Estados Gerais.

O comitê preparatório de 6 de julho responderia a essa vontade. No dia 9, seu relator, o moderado Mounier, emite o desejo de que uma declaração seja redigida; de acordo com a visão de seu grupo, espera que ela seja "curta, simples e precisa", incorporada à constituição à guisa de preâmbulo; a intenção é declarar os direitos sem fazer o reino sonhar demais... No dia 11 de julho, La Fayette apresenta o projeto por ele amadurecido longamente. Não será nem o primeiro nem o último, pois muitos, na constituinte, querem marcar o debate com um texto da própria pena. Nada, contudo, está decidido. Tanto à direita quanto à esquerda, a declaração tem seus adversários: uns têm medo de agitar o país, outros temem cristalizar por fórmulas os progressos do espírito humano.

No Comitê de constituição, eleito em 14 de julho, todos querem uma declaração. Contra os moderados, favoráveis a Mounier, a minoria avançada apóia Sieyès, a outra autoridade do Comitê. O audacioso projeto de Sieyès é precedido de uma longa dissertação filosófica característica do lockeanismo à francesa; ele terá uma imensa repercussão e influenciará inúmeros projetos individuais redigidos no começo do mês de agosto. Em 27 de julho, entretanto, foi Mounier quem falou em nome do Comitê. O texto lido por ele traz algumas contribuições da proposição de Sieyès, mas retoma, na essência, o projeto pessoal do delfinês; por exemplo, Mounier acrescentou ao capítulo I ("Declaração dos direitos do homem e do cidadão") um capítulo II ("Princípios do governo francês") claramente monarquista. Os moderados pretendem ligar declaração de direitos e constituição, lembrar que os franceses não se afastam do estado de natureza e que sua longa história se identifica muitíssimo com a do desenvolvimento do Estado monárquico. Embora a maior parte dos deputados desejasse um "executivo" real, uma posição dessas necessariamente irritaria a esquerda.

As divergências alimentam os debates do mês de agosto. De 1º a 3 de agosto, apesar de suas divisões internas, defrontam-se partidários e adversários de uma declaração. Boa parte dos moderados e dos conservadores, levados por Malouet, além da maioria do clero, são cada vez mais hostis à idéia. Os primeiros, quando chegam da província notícias cada dia mais perturbadoras, querem entrar em acordo o mais rapidamente possível e evitar reforçar a contestação com um texto que dê margem a interpretações. Quanto ao clero, embora muitos de seus deputados tenham idéias bastante avançadas, ele já mostrou nos *cahiers de doléances* sua hostilidade em relação ao espírito das Luzes.

Em 4 de agosto, os adversários de uma declaração parecem modificar sua estratégia, alinhando-se à proposição do abade Grégoire de completar a declaração dos direitos com uma *declaração de deveres*. A tentativa fracassará. A maioria admite o dever de respeitar os direitos dos outros, os deveres em relação à coletividade que garantam os direitos, especialmente o dever fiscal, mas teme que a declaração possa transformar-se em um longo catálogo que abriria espaço, como deseja o grosso do clero, para os deveres com Deus ou até mesmo com o rei. No final de tudo, o princípio de uma declaração apenas dos direitos do homem e do cidadão foi decidido por quase unanimidade.

As conseqüências de 4 de agosto ocupam a Assembléia durante uma longa semana. Em 13 de agosto, o trabalho declaratório pode ser retomado. Um Comitê de Cinco é designado para examinar os numerosos projetos; ele é dominado pela imponente personalidade de Mirabeau. No dia 17, quando toma a palavra para apresentar o projeto do Comitê, Mirabeau confessa que não está satisfeito; grande parte da Assembléia também não. No dia seguinte, para estupefação geral, o tribuno, talvez atormentado pelas críticas e decerto convencido de que os espíritos não estão maduros, parece adotar a posição dos conservadores moderados, propondo "adiar a redação definitiva [...] para quando as outras partes da constituição também estiverem totalmente resolvidas em conjunto e fixadas".

Misteriosamente, em 19 de agosto, com uma folgada maioria, é o obscuro projeto concebido pelo sexto departamento da Assembléia no final do mês de julho que será adotado como base de discussão. Esse texto de compromisso não está em contradição com o de Sieyès, que, por outro lado, obteve um número apreciável de votos, tendo mostrado uma tendência sistemática à opinião conservadora, donde seu sucesso. Sucesso efêmero: ao cabo da discussão, artigo por artigo, só restou do texto original algumas fórmulas, nos últimos artigos da Declaração.

No decorrer da discussão, entre 20 e 26 de agosto, os moderados desempenharam um papel freqüentemente esquecido. Contribuíram para que fosse adotado o preâmbulo do projeto dos Cinco, completado com uma referência ao "Ser Supremo" [Deus]. Fora uns poucos detalhes, os três primeiros artigos da Declaração devem-se à iniciativa de Mounier; a seguir, os moderados foram raramente derrotados, ou sequer marginalizados. Retrospectivamente, não se pode sobrepor a relação de forças do mês de setembro à do mês de agosto; tal ponto é de extrema importância para a interpretação do novo "catecismo nacional" (segundo Barnave).

2. **Dificuldades de interpretação** – Não se pode conhecer com certeza o que a Declaração (a despeito ou por causa de seu estilo adamantino, ainda mais surpreendente pelo fato de ter resultado de uma grande desordem aparente) entende por Direito natural, separação de poderes, ou seja, as noções fundamentais, pois o exame dos debates nem sempre traz esclarecimentos significativos. *A fortiori* o texto não poderia, diante dos antagonismos que separam seus redatores, confirmar um sentido de conjunto unívoco; este só pode resultar da recepção do texto e de seu "trabalho" posterior.

Trata-se de um texto produzido depois de muitos livros e libelos, muitos esboços e promessas, hesitações, segundas intenções, conflitos, inflexões e reviravoltas; trata-se de tábuas da lei que foram fruto de transações e consensos cujo significado subjetivo variou de um deputado para outro; trata-se de uma poderosa obra de filosofia jurídica redigida por constituintes cuja maior parte, apesar de formada nas faculdades, academias e sociedades de estudo das províncias, até mesmo em lojas maçônicas, não tinha uma cultura aprofundada num domínio de rara complexidade. Como, nessas condições, pretender propor um significado simples e incontestável? Compreende-se historicamente um ou outro de seus segmentos, mas o significado objetivo da Declaração, se é que ela tem algum significado coerente, é fruto de diversos significados subjetivos. Isso explica que, ao contrário de todas as probabilidades, o texto tenha sido aprovado por larga maioria.

3. **Sobre alguns segmentos da Declaração** – A genealogia de certas proposições é bastante clara. Elas carregam simultaneamente a marca do abuso do Antigo Regime e de correntes doutrinárias fáceis de identificar.

Os artigos 7, 8 e 9 são marcados pela filosofia penal de Beccaria, retomada por muitos pensadores, a começar por Voltaire. O artigo 10, sobre a liberdade religiosa, é fruto de um compromisso entre, de um lado, os moderados e uma parte do clero; de outro, uma sólida tradição liberal iniciada com *Letters on Toleration* [Cartas sobre a tolerância], de Locke, reforçada pelo *Dicionário histórico e crítico*, de Bayle, ultrapassada pelo deísmo posterior a Fontenelle, ou mesmo pelo materialismo de alguns autores. O artigo 11, sobre a "livre comunicação de pensamentos e de opiniões", é uma resposta à censura – com freqüência liberal e ineficaz... – do Antigo Regime. A afirmação do caráter sagrado da propriedade (artigo 17), concebida como Direito natural (artigo 2), é instituída depois de vários séculos de exaltação crescente: que peso poderiam ter, diante dessa importante corrente que refletia poderosos interesses, as aspirações comunizantes de um punhado de autores?

Quanto à doutrina fiscal da Declaração – e da constituinte –, estreitamente ligada ao universo dominante dos proprietários, ela se insere em uma perspectiva lockeana retomada pelos fisiocratas. A legitimidade da cobrança é subordinada ao consentimento e, apesar da ambigüidade do artigo 13, à proporcionalidade ao serviço prestado. A articulação dos artigos 12 e 13 mostra que o imposto é consentido com o objetivo de assegurar a garantia da *property* de cada um (liberdade, segurança, propriedade), só podendo, portanto, variar na proporção da grandeza dos bens garantidos. A perspectiva de uma redistribuição para fins de socorro, mesmo limitada, que fora esboçada por alguns (Sieyès, por exemplo) e que poderia conseguir alguma legitimidade com base na idéia central da filosofia política moderna, a da *conservation* dos homens, foi afastada para só reaparecer no artigo 21 da declaração de 1793.

4. **Declaração francesa e declarações americanas** – As tentativas de interpretação global da Declaração utilizam freqüentemente o viés da comparação com as declarações americanas: menos a de Independência (1776) do que as adotadas pelas antigas colônias recentemente emancipadas.

Uma controvérsia do ano de 1900 pôs em confronto o alemão Jellinek[67] e o francês Boutmy[68], num clima de tensão franco-alemã. O primeiro considerava que a declaração francesa plagiava os textos americanos e que ela era, por intermédio deles, devedora da Reforma protestante e germânica. O segundo mostrava todas as diferenças entre a declaração francesa e a americana, insistindo no que a declaração de 1789 devia ao Iluminismo francófono e particularmente a Rousseau. Não se aceitam mais os julgamentos categóricos. Não se pode negar a repercussão na França da "revolução" americana e suas declarações. O húmus ideológico deve muito, de um lado e de outro do Atlântico, à tradição lockeana; porém, esse lockeanismo não agiu da mesma maneira ao ser submetido às tendências doutrinais e às tradições jurídico-políticas respectivas. Por exemplo, os americanos receberam uma formação muito diferente no seio do sistema britânico da *Common Law* e usufruíram, na era colonial, de uma experiência inteiramente diferente, que possibilitou iniciá-los no constitucionalismo democrático-liberal.

---

67. Georg Jellinek (1851-1911): filósofo do direito e juiz alemão, publicou várias obras nas áreas de filosofia do direito e ciência jurídica. (N.T.)
68. Émile Boutmy (1835-1906): escritor e cientista político francês. (N.T.)

Não causa espanto, portanto, ver os textos franceses e americanos coincidirem e divergirem continuamente. Os americanos, mais abstratos do que as grandes obras das liberdades inglesas, permanecem mais preocupados do que os franceses com a garantia concreta dos direitos, em especial a garantia jurisdicional; eles são tributários da concepção procedural do direito dos ingleses. Na mesma perspectiva, mesmo não renunciando ao universalismo e reconhecendo os direitos naturais do homem, as declarações americanas admitem que tais direitos receberam uma configuração específica na ocasião de sua recepção no clima britânico. Elas não hesitam em invocar o bastante característico direito do país (*Law of the Land*) e o não menos famoso *Common Law*. Esse curioso equilíbrio coloca as declarações americanas no meio caminho entre o espírito das liberdades inglesas e o da liberdade francesa.

Um dos paradoxos da recepção das declarações americanas na França é ter provocado duas reações contraditórias portadoras de uma conseqüência única. Os conservadores consideravam que a natureza estava demasiadamente presente naquele Novo Mundo sem consistência histórica; julgavam excessivamente austera a afirmação dos direitos naturais. Já os revolucionários avançados pensavam, ao contrário, que os americanos permaneciam empedernidos em contato com velharias inglesas que os impediam de se reconciliar com a natureza, ou seja, com a razão. Mas tanto os primeiros quanto os segundos só viram uma possibilidade para escapar dos inconvenientes imputados às declarações americanas: a supremacia da lei (legicentrismo). Moderados e conservadores esperam da lei que ela dê um fim às impetuosidades anárquicas dos direitos naturais. A esquerda, por sua vez, substitui o lockeanismo acrescido de prudência dos americanos por um lockeanismo temperado com otimismo racionalista; ela está menos preocupada em assegurar os direitos do homem contra um poder imperfeito do que em construir racionalmente um poder perfeito a partir dos direitos do homem. Dentro dessa dinâmica, a problemática americana da garantia prudencial dos direitos do homem em face da lei imperfeita é substituída pela de sua realização, sob forma de direitos do cidadão, pela lei perfeita.

A Declaração multiplica as expressões, confiando à lei a determinação do conteúdo do direito; tal legicentrismo é o filho adúltero da união, cuidadosamente dissimulada e talvez inconsciente, do pessimismo repressivo dos conservadores e do otimismo racionalista da esquerda.

5. **O espírito da Declaração ou a convergência final das contradições** – A forma do mistério da Declaração é clara de agora em diante (na falta do conteúdo final do mistério, para sempre insondável). Seus redatores não estabeleceram subjetivamente um compromisso; eles se aliaram em torno da organização definitiva do texto segundo as lógicas de seus comportamentos respectivos. Duplo milagre: a Declaração é não somente um compromisso coerente, como também um compromisso objetivo sem compromisso subjetivo...

A coerência do compromisso deve-se à configuração lockeana da Declaração. A tetralogia dos direitos naturais (liberdade, igualdade, propriedade, resistência à opressão) é a de Locke. A sobrevivência dos direitos naturais do homem no estado social é afirmada (especialmente no artigo 4) e ao Estado se atribui a finalidade de garantir os direitos (artigo 12). A esse lockeanismo simplesmente se acrescenta um racionalismo legicentrista que, mesmo não sendo estranho ao autor do *Segundo tratado*, ultrapassa o âmbito de seu pensamento, sem contudo levar a Declaração na direção do verdadeiro rousseanismo. Trata-se de fato da consumação dos direitos naturais transfigurados por sua institucionalização, e não da alquimia da transmutação rousseanista dos direitos naturais do homem em direitos positivos do cidadão.

Parece que uns e outros não precisaram fazer muito esforço para se aliar a esse compromisso. Os mais conscientemente lockeanos – como, com gradações, Sieyès – não podiam rejeitar, a despeito de suas insuficiências e de sua fraca densidade filosófica, um texto bastante próximo de suas visões. Os mais classicamente racionalistas, impregnados do jusnaturalismo moderno ou da fisiocracia, tinham que levar em consideração o tema caro a Mirabeau segundo o qual a desnaturação do homem por uma longa e lamentável história e por suas paixões impedia a clara percepção da Lei natural; assim, o que fazer senão consagrar um pequeno número de direitos do homem ainda evidentes e, quanto ao resto, deixar a lei regenerar o homem por intermédio da elaboração de direitos do cidadão? (Sabendo-se que tais direitos, se permanentemente aperfeiçoados, permitiriam reconciliar o homem consigo mesmo através da mediação da cidadania e permitiriam iluminá-lo quando ele finalmente tivesse assimilado por completo seus direitos naturais.) Quanto aos moderados e conservadores, eles não podiam senão consentir com um breve enunciado dos direitos naturais, claramente delimitado pela lei.

Da mesma maneira, é possível esboçar, para as facções menores, outros modelos de adesão ao compromisso de agosto de 1789. Havia entre os constituintes – alguns mais ou menos rousseanistas, outros adeptos de um voltaireanismo mais radical, adversários de todas as abstrações naturalistas – os que não acreditavam na possibilidade de incluir na Declaração dos direitos do homem nada além da igual liberdade fundadora; havia ideólogos que repeliam a rigidez de uma listagem destinada a se tornar um jugo para o espírito humano, sem esquecer o punhado de deputados ateus em matéria de direitos naturais. Todos eles, que talvez somassem algumas dezenas, só conseguiam admitir direitos civis, prerrogativas jurídicas ligadas à cidadania, e teriam, por conseguinte, que experimentar a inclinação legicentrista da Declaração.

Na sua complexidade e até na sua improbabilidade, no duplo apelo à disciplina do cidadão e à vigilância de um homem designado como o fim e não o meio do Estado e dos outros homens, a declaração de 26 de agosto de 1789 é uma espécie de milagre de equilíbrio. Tal constatação em nada prejudica o uso que a própria Revolução faria desse texto.

CAPÍTULO IV

TERMINAR A REVOLUÇÃO?

I – 1790: unidade nacional ou guerra civil?

O ano de 1790 é às vezes chamado de "ano feliz"; porém, a calma relativa de Paris não deve fazer esquecer o resto da França, que já vive em estado de guerra civil latente. O discurso revolucionário manifesta-se numa espécie de vazio político. Paralelamente, os novos princípios estão sendo aplicados, mas de um modo freqüentemente radical; com isso, a constituinte, embora preocupada com a unidade nacional, encoraja as desordens presentes e futuras.

1. **A unidade nacional** – Conforme a lógica de agosto de 1789 e de uma poderosa aspiração racionalizadora, não se pensava em manter províncias e "micropaíses", ligados à noção de privilégio, sendo preciso concluir a "revolução municipal". Assim, em dezembro de 1789, a Assembléia votou duas leis com a intenção de organizar de maneira uniforme o funcionamento das novas administrações locais (departamentos, distritos, municipalidades), todas eleitas.

> A subdivisão dos departamentos foi completada em fevereiro de 1790. O gosto pela abstração geométrica foi corrigido por um certo respeito às realidades históricas e restrições geográficas, tendo resultado em um dos sucessos da constituinte. Em compensação, o regime jurídico adotado (uma interessante dosagem de desconcentração departamental e descentralização municipal destinadas a um grande futuro) funcionará mal, resultando em paralisia do controle administrativo em detrimento dos órgãos mais moderados (departamentos) e em benefício – bastante político – das unidades mais revolucionárias (distritos, comunas).

O Grande Medo acelerou a formação das comunas, das guardas nacionais e das solidariedades locais entre as novas administrações municipais. Iniciado no Delfinado, o movimento "federativo" culminou em Paris no dia 14 de julho de 1790 com a primeira festa da Federação. Nesse dia de aniversário da tomada da Bastilha, a grande fraternidade revolucionária e o juramento à nação consolidaram a nova França como nação homogênea. Tal unidade era apenas aparente: dois dias antes fora votada a constituição civil do clero.

2. **A constituição civil do clero** – A Igreja perdera sua fortuna; em compensação, a nação ficara com o encargo das despesas do culto e pagava um ordenado aos membros do clero. No dia 13 de fevereiro de 1790, a constituinte proibiu os votos monásticos e suprimiu as ordens religiosas contemplativas. Também se recusou a reconhecer a religião católica como religião oficial. Restava fazer a Igreja entrar nas novas estruturas administrativas; é o que foi feito em 12 de julho de 1790 com o voto da constituição civil do clero. Esse texto fundamental impôs, entre outras mudanças profundas, a eleição dos bispos e dos padres por *todos* os eleitores, qualquer que fosse sua fé religiosa...

Nem o papa nem as instâncias da Igreja da França foram consultados. Ao contrário, a Assembléia decretou logo em seguida que todos os eclesiásticos-funcionários teriam que prestar juramento de fidelidade à nação, à lei e ao rei, cumprindo "a qualquer custo" a constituição civil, caso contrário seriam depostos e, se continuassem a exercer seu ministério, perseguidos (27 de novembro de 1790). Os constituintes, influenciados provavelmente pelo ateísmo – ao menos relativo – de uma estreita elite, negligenciaram a fé, a religiosidade e o tradicionalismo arraigado da imensa maioria dos franceses. A constituição civil do clero, por certo, insere-se na lógica – levada ao extremo – de um galicanismo miscigenado de jansenismo, mas a obrigação do juramento revelou sua verdadeira natureza de revolução laica. Boa parte do clero não teve dúvidas. Apenas sete bispos e coadjutores do Antigo

Regime prestaram juramento, e um terço dos deputados do clero na Assembléia. Ao todo, se forem levadas em conta as retratações posteriores, chega-se a um total de mais ou menos 45% de eclesiásticos que não juraram ou se mantiveram refratários.

Os padres refratários vão se distribuir sobretudo pelo Oeste, Norte, Leste, pelas regiões montanhosas do Centro, com alguns prolongamentos até o extremo Sudoeste e alguns departamentos mediterrâneos; uma geografia característica que anuncia esquematicamente, seja qual for a explicação, a da direita contra-revolucionária no século XIX.

Abandonados por seus antigos bispos – que freqüentemente tomaram o caminho do exílio e foram substituídos por um pessoal heterogêneo oriundo do baixo clero (céticos ou homens de combate, arrivistas ou sinceros) – os padres refratários, cujos efetivos vão aumentar em 1791, quando finalmente for conhecida a posição hostil do papa Pio VI, diversas vezes se recusarão a ceder suas paróquias aos novos eleitos, apoiados por muitos de seus fiéis. Insubmissos contra submissos: violência verbal e vias de fato vão pouco a pouco degenerar, até o drama de 1792-1793.

Vitória aparente de um galicanismo democratizado, vitória genuína das forças mais hostis à Igreja – até mesmo à religião católica –, a constituição civil do clero vai transformar em adversários da Revolução não só padres que tinham o mais das vezes contribuído para seu sucesso, como boa parte de suas ovelhas. Ao instalar o cisma na França, a constituinte dividiu para sempre a população em dois campos antagônicos e criou condições para uma nova guerra de religião. Luís XVI não se deu conta disso, pois aceitou uma depois a outra, a constituição civil (22 de julho) e o decreto sobre o juramento (26 de dezembro).

3. **Sombras complementares e crise de legitimidade** – O ano de 1790 marca uma falsa calmaria. Paris parece se acalmar, mas a província se agita.

A decepção é clara nos campos; a abolição da nobreza (19 de junho) "para sempre", essencial no plano dos princípios, seguida da abolição das justiças senhoriais, não foi suficiente para acalmá-los. Os camponeses têm dificuldade para resgatar os direitos suprimidos na noite de 4 de agosto, e explodem sublevações contra o pagamento dos direitos subsistentes. Quanto aos antigos dízimos eclesiásticos, sua supressão sofre múltiplos atrasos, ligados a espinhosas controvérsias jurídicas. Em 1790, a luta camponesa contra a "feudalidade" começou a degenerar, em alguns locais, em suspeita em relação a todos os notáveis assustados com o espectro da lei agrária. Como se vê, nem todos os distúrbios vão no sentido da Revolução: no Languedoc, o recomeço do conflito entre católicos e protestantes já enseja o nascimento de um movimento popular rural, contra-revolucionário e antiurbano.

Coerente com ela mesma, a constituinte persiste em invocar o poder da lei, mas as noções de ordem e de lei, exaltadas no recinto da Assembléia, desmoronam no país, em favor de uma violência que tende a se tornar "normal". A justiça é interrompida; as guardas nacionais não podem ser controladas de Paris; a indisciplina decompõe o exército. Nessas condições – e nisso reside a crise de 1790 –, a opinião pública não consegue mais discernir qual é, na França, a *autoridade legítima*.

Quanto à situação financeira, ela se agravou ainda mais. A constituinte demorou para se debruçar sobre a reforma fiscal. As novas contribuições criadas no final de 1790 e no início de 1791 – a fundiária (esmagadora), a mobiliária, os impostos diretos locais – só darão resultado (ruim) a partir de 1791, e o aumento da carga fiscal é acompanhado de uma anarquia na coleta. O *assignat*-moeda (17 de abril de 1790) pode ter provocado uma retomada econômica temporária, mas anunciou o recurso sistemático à impressão de papel-moeda (uma nova emissão, de 800 milhões, foi anunciada em 29 de setembro de 1790). A inflação terá conseqüências: a depreciação do *assignat*, principiada em 1791.

II – Varennes

1. **O debate político** – A Revolução parece obedecer a uma dinâmica própria que periga desembocar na aventura. Mirabeau compreendeu-a. A partir de 1790 – na época em que o popular La Fayette acreditava ser o homem-chave de qualquer estabilização –, ele se aproximou da Corte, mas a Corte nunca o compreendeu verdadeiramente: a um sincero monarquismo, o deputado de Aix aliava visões parlamentaristas democráticas de excepcional modernidade.

A Assembléia constituinte continua seu trabalho legislativo e constitucional. O público, composto de desocupados e muito mais numeroso desde a instalação da Assembléia em Paris, exerce sobre ela uma pressão mais ou menos discreta, eventualmente temperada pelo respeito que ainda inspiram os representantes da nação. O público se apaixona pelos oradores da esquerda (Petion, Buzot, Robespierre, sobretudo o triunvirato Barnave-Duport-Lameth), contra os da direita (o abade Maury, Cazalès), mas é no meio do caminho que se encontram talvez os personagens-chave, como Sieyès, homem de uma esquerda mais moderada, Mirabeau e La Fayette, que se tornaram homens de "centro" depois da partida de Mounier e alguns de seus amigos.

Os deputados estão agrupados por afinidades políticas. Desde o debate de setembro de 1789 sobre o veto, os "patriotas" passaram a ter assento à esquerda do presidente ("do lado do Palais-Royal"). À direita – "do lado da rainha" – estão os "negros" ou "aristocratas", ligados às prerrogativas reais ou ao Antigo Regime, com seu liberalismo de 1789 por vezes reformulado. Entre os dois, uma ampla maioria heterogênea e flutuante, composta de um partido monarquista enfraquecido e, mais à esquerda, da grande massa dos "constitucionais".

Esses "partidos" de fronteiras instáveis não comportam nenhuma organização estruturada. Depois das sessões, muitos deputados se encontram em clubes, freqüentemente instalados em conventos desativados. O mais prestigioso é a famosa "Sociedade dos Amigos da Constituição" ou "Clube dos Jacobinos" (originário do clube bretão de Versalhes). Mais moderada, a Sociedade de 1789, na qual se ilustram La Fayette e Mirabeau, não chega a ultrapassar as dimensões de uma academia política. Na centro-direita, a Sociedade dos Amigos da Constituição Monárquica, organizada por Clermont-Tonnerre e vítima de diversas operações de intimidação, teve uma existência apenas efêmera.

O eco mais ou menos deformante dos debates políticos repercute igualmente em uma imprensa dinâmica, maciçamente patriota, mas ainda livre e pluralista (deixará de sê-lo em 10 de agosto de 1792).

Uma esmagadora maioria de deputados é favorável a uma realeza constitucional, apesar da rudeza dos debates a respeito da disposição dessa fórmula política e apesar da esquerda freqüentemente ter levado a melhor. Com a morte de Mirabeau (2 de abril de 1791), desaparece o único revolucionário capaz – ainda que se possa duvidar – de moderar os vencedores.

2. A fuga do rei – Depois do fracasso dos monarquianos e seus aliados a respeito do veto real, da criação de uma segunda câmara e dos debates de 1790 sobre o direito de paz e de guerra, Luís XVI viu levantar vôo uma por uma a maior parte de suas prerrogativas. O rei não interveio. Em compensação, esse príncipe de uma piedade notável acabou se encrespando-se em matéria religiosa. Embora tivesse assinado – um pouco rápido – a constituição civil do clero, recorria pessoalmente a padres refratários. No dia 18 de abril de 1791, uma multidão encorajada pela inação da guarda nacional o impede de deixar Paris para ir a Saint-Cloud. A partir de então, ele pensa em fugir da capital e alcançar em Montmédy, na fronteira ardenense, as tropas presumidamente fiéis do marquês de Bouillé. A evasão da família real aconteceu na noite de 20 para 21 de junho de 1791. Em conseqüência de diversos atrasos e contratempos, a viagem foi interrompida em Varennes. Detidos e trazidos sob escolta, Luís XVI e sua família chocam-se com o silêncio glacial, preconizado pelas autoridades, dos parisienses que vieram assistir ao seu retorno.

Em uma carta deixada nas Tuileries, o rei justificou seu gesto, afirmando-se legitimamente "prisioneiro dentro de seus próprios Estados" desde as jornadas de outubro de 1789, denunciando a decomposição administrativa e declarando nulas todas as decisões que lhe tinham sido impostas pela força. Mas o que contava ele realmente fazer em Montmédy? Juntar-se aos emigrados no estrangeiro? Preparar a reconquista pelas armas de seu trono de monarca absoluto? Ou então, de maneira menos chocante para as consciências nacionais, renegociar tudo com a Assembléia, dessa vez em posição de força? Ou, ainda, simplesmente exigir o respeito a prerrogativas constitucionais que lhe eram diariamente contestadas pelos "patriotas"? Como nenhuma resposta – sobretudo a última – era satisfatória, o debate continuou em aberto.

3. **O enfraquecimento da idéia monárquica e a explosão da esquerda** – As conseqüências do acontecimento são incalculáveis. O que sobrara da realeza capetiana saiu rachado dessa expedição lamentável e humilhante. A fuga para Varennes marca uma nova guinada na Revolução e novas tomadas de consciência – republicanas principalmente – entre os revolucionários. A maneira como foi tratada a família real suscita manifestações de indignação, mas o reflexo dominante parece hostil a Luís XVI.

Recomeça a pilhagem de castelos. Alguns nobres são massacrados. No Norte e no Leste, criam-se comitês permanentes, e as pessoas se armam febrilmente para fazer face ao invasor. O mal-estar continua aumentando no exército, do qual desertam milhares de oficiais. Em algumas cidades, as palavras "rei" e "realeza" são apagadas da via pública.

A agitação democrática, que acompanha a agitação social, é particularmente intensa em Paris, onde o clube extremista dos Cordeliers, uma sociedade popular em franca expansão, pronuncia-se pela República. A Assembléia, que teve que destituir o rei, não quer renunciar à realeza constitucional. A República é para ela uma perigosa utopia, sinônimo de anarquia. Mas a constituinte é amplamente composta de notáveis amigos da ordem e de uma paz propícia aos negócios; acaba de prová-lo ao coroar a supressão das mestrias e corporações (decreto de 2-17 de março de 1791), com a proibição das coalizões operárias (lei Le Chapelier, 14-17 de junho de 1791); é por isso que a Assembléia preferir desculpar Luís XVI, dando crédito à ficção absurda de seu seqüestro contra a vontade pelos realistas...

A esquerda está prestes a explodir. Os homens do triunvirato – Barnave, Duport, Lameth – foram, por sua vez, deportados para o centro sob os olhos de uma direita contrarevolucionária que continua a detestá-los da mesma maneira.

> O ardoroso Barnave, em 1789, separara-se de seu amigo Mounier para se juntar à esquerda; de agora em diante, vai se entender com a Corte, a exemplo de Mirabeau antigamente. Sua guinada é sintomática: "Nós vamos terminar a Revolução? Nós vamos recomeçá-la? [...] Os senhores tornaram os homens iguais perante a lei; consagraram a igualdade civil e política; transferiram para o Estado tudo o que havia sido tirado da soberania do povo; um passo a mais seria um ato funesto e culpado, um passo a mais na linha da liberdade seria a destruição da realeza; na linha da igualdade, seria a destruição da propriedade. [...] Hoje, todo mundo sabe que o interesse em terminar a Revolução permanece. Os que perderam sabem que é impossível fazê-la retroceder; os que a fizeram sabem que está terminada e que, para a glória deles, é preciso consolidá-la" (15 de julho de 1791).

Terminar, consolidar a Revolução: oito anos antes da tomada do poder por Bonaparte, trata-se de um voto piedoso, contradito pelas realidades. O triunvirato e os deputados doravante moderados crêem que é conveniente abandonar os jacobinos para fundar o clube rival dos Feuillants (16 de julho), ao mesmo tempo em que os meios parisienses mais democratas persistem em reivindicar, senão a República, pelo menos a derrota do rei. A Assembléia, Bailly, prefeito de Paris, La Fayette e sua guarda nacional utilizam desastradamente meios enérgicos: a fuzilaria de Champ-de-Mars (17 de julho) sela no sangue de muitas dezenas de reivindicantes a união pusilânime do grosso dos constituintes em torno de sua constituição.

Homens da ordem em sua maior parte, os constituintes não sabem manter a ordem. A famosa repressão do verão de 1791 é – salvo a absurda fuzilaria de 17 de julho – de uma particular brandura; será de resto apagada pela anistia decretada em meados de setembro. A constituinte não faz senão acumular contra ela os rancores dos "patriotas", sem chegar à decisão.

III – A constituição de 1791

1. **Uma redação seqüencial** – Os grandes princípios do novo constitucionalismo foram impostos na primavera e no verão de 1789; suas principais técnicas foram adotadas no fim do verão e no princípio do outono (ver capítulo II). Outras batalhas tiveram lugar em 1790.

Em maio deste ano, a discussão sobre o poder de guerra leva a constituinte a afirmar inicialmente uma doutrina generosa que será retomada na constituição de 1791: "A nação francesa renuncia a empreender qualquer guerra com o objetivo de fazer conquistas e jamais empregará suas forças contra a liberdade de qualquer povo". Resta o poder de decidir uma guerra defensiva; a direita gostaria de confiá-lo inteiramente ao rei; a esquerda pretende reservá-lo à Assembléia. Mirabeau reúne a quase unanimidade em torno de um compromisso: ao rei caberá a iniciativa de propor a declaração de guerra, mas pertencerá à Assembléia aceitá-la ou recusá-la.
Em outubro, Mirabeau tenta obter da constituinte que ela volte atrás a respeito da incompatibilidade das funções de ministro e de deputado. Fracassa, mas então é resolvida uma questão mais crucial ainda, pendente desde o debate de julho de 1789, consecutivo à dispensa de Necker: a Assembléia pode intervir na nomeação e na dispensa de ministros? Embora uma lar-

ga maioria seja hostil ao ministério em exercício, não tem a intenção de exigir sua demissão. Mesmo à esquerda, alguns deputados recusam-se a diminuir essa prerrogativa essencial do rei: contratar e demitir os ministros de acordo com a sua vontade. Os ministros são vistos como agentes apenas do "executivo" estritamente entendido, espécie de diretores da administração central. A maioria da constituinte recusa-se a conceber o ministério como um órgão político homogêneo e colegial suscetível de assegurar o ajustamento das visões da Assembléia e do rei.

Essas discussões parecem dominadas pela idéia de onipotência das regras constitucionais. Não se percebe – a incompreensão vai se prolongar até o século XIX – que as relações entre assembléias e órgãos governamentais decorrem tanto (ou mais) do sistema partidário, da existência ou não de uma maioria, até mesmo do estado dos "costumes" e da opinião pública, quanto dos procedimentos constitucionais. Contudo, não se pode criticar os constituintes – com a exceção de Mirabeau e de um punhado de seus colegas – por não terem compreendido o parlamentarismo majoritário à inglesa; tecnicamente pronto há alguns anos, ele só se imporá em toda a sua lógica alguns decênios mais tarde.

Depois de Varennes, o triunvirato deseja salvar não a *monarquia*, morta em 1789, mas uma *realeza* que não seja puramente simbólica. Os amigos de Barnave empenham-se durante o verão de 1791 em obter uma revisão dos decretos anteriores, no momento em que são apresentados de maneira sistemática sob a forma de uma constituição. A tarefa defronta-se com resistências vigorosas na Assembléia. Salvo o reforço relativo das condições de elegibilidade para as funções de eleitor (no segundo grau), a revisão será modesta: é impossível para muitos, sobretudo depois da fuga de Luís XVI, deixar de suspeitar do rei e do "executivo" em geral, no qual vêem um "inimigo" por natureza.

2. **A constituição** – A concepção de eleitorado está aquém das promessas da Declaração, que atribuía a "todos os cidadãos" o "direito de concorrer pessoalmente ou por seus

representantes" para a elaboração da lei (artigo 6); aquém igualmente em relação às condições exigidas para as eleições nos Estados Gerais... O eleitorado, não sem importantes ambigüidades, é compreendido não como um direito, mas como uma *função*, sendo que pertence à nação – ou seja, à constituição – designar os eleitores mais aptos. Em 1789, Sieyès estabelecera a distinção entre cidadãos passivos (que gozam apenas de direitos civis) e cidadãos ativos (habilitados a participar da vida política).

> Os cidadãos ativos devem ter mais de 25 anos de idade, ser domiciliados no mesmo endereço há um ano, estar inscritos na guarda nacional, ter prestado o juramento cívico, pagar uma contribuição direta equivalente a três dias de trabalho (de um trabalhador não-qualificado), com exceção dos domésticos. Censitário, esse eleitorado é submetido a dois graus de eleição. Os cidadãos ativos reúnem-se em assembléia primária na sede do cantão, onde designam os eleitores de segundo grau dentre os cidadãos ativos que preencham as condições mais exigentes. Segundo variações e em função dos locais, esses "eleitores" devem ser proprietários ou usufrutuários de um bem que corresponda a uma renda igual ao valor de 150 a 200 dias de trabalho, ou locatários de uma moradia que corresponda a uma renda igual ao valor de 100 a 150 dias de trabalho, ou ainda fazendeiros ou arrendatários de bens correspondentes a 400 dias de trabalho (com acumulação para cidadãos que entrem em diversas categorias). Os eleitores de segundo grau, reunidos em assembléia eleitoral, elegem os deputados do corpo legislativo.
>
> Um ponto deve ser esclarecido, ponto que a maior parte dos autores trata de maneira contestável. Avalia-se em geral em 4,3 milhões o número de cidadãos ativos, ou seja, mais de 60% dos adultos do sexo masculino (mais nos campos, menos nas cidades); acrescente-se que só havia pouco mais de 40 mil cidadãos elegíveis como eleitores de segundo grau, o que realmente seria muito restritivo. Mas as coisas são diferentes. A constituição dispõe: "Será nomeado um eleitor à razão de cem cidadãos ativos [...]. Serão nomeados dois sobre 150 e um sobre 250. E assim por diante". Conseqüentemente, o número de *eleitores* de segundo grau gira em

torno de 40 mil. Contudo, parece que cerca de 3 milhões de franceses eram *elegíveis* para essas funções. O sistema é portanto bastante democrático, e o eleitorado, infinitamente maior do que na Inglaterra da mesma época. Para ser elegível à Assembléia legislativa, a exigência do pagamento de uma contribuição correspondente a um marco de moeda[69] – 50 dias de trabalho, segundo se disse – foi abandonada *in extremis* sob a pressão de Robespierre e de jornalistas da extrema esquerda: os deputados podem ser escolhidos sem exceção no conjunto dos cidadãos ativos.

A única função dos eleitores em regime representativo é designar seus eleitos, que representam a "nação inteira" e determinam o conteúdo da vontade geral fora de qualquer "mandato imperativo". Os deputados, que se beneficiam de garantias de direito necessárias à sua independência, formam uma câmara única, numerosa (745 assentos; três por departamento, os outros repartidos segundo o duplo critério de população e de contribuição direta) e permanente. Seu mandato muito breve de dois anos, que deveria frear o descumprimento do dever representativo, visa sobretudo, ao que parece, a impedir a corrupção dos eleitos pelo "executivo"... Na mesma perspectiva, os deputados só são reelegíveis imediatamente uma única vez. A Assembléia ocupa um lugar preponderante no exercício da função legislativa e comanda os procedimentos financeiros. Ela é invulnerável ao "executivo", que não pode dissolvê-la. Ela não pode, por certo, contestar a responsabilidade política dos ministros, mas, no clima que reina desde 1789, pode-se prever que suas usurpações das funções atribuídas em princípio ao "executivo" acabem aumentando o peso esmagador que a constituição lhe dá.

O "rei dos franceses", subordinado à lei, "reina somente por intermédio dela". Ele também é, em princípio e porque a constituição o qualifica como tal, um "representante". Sua designação resulta sempre de antigos mecanismos tradicionais de sucessão da coroa, objeto de atenção da constituição (o que os torna doravante passíveis de revisão). Beneficiário de uma simples "verba especial", que deverá lhe permitir fazer face a suas necessidades, e de uma guarda insignificante

69. Antiga medida (244,5 g) que servia para pesar os metais preciosos. (N.T.)

para ser perigosa, ele não é mais do que um órgão constituído. Os elementos de sua legitimidade tradicional – fruto do direito divino e do direito histórico – desapareceram, e ele é obrigado ao juramento de "ser fiel à nação e à Lei". Os casos de destituição do rei são cuidadosamente enumerados, a instituição da regência do rei é inteiramente reformada. Mesmo que suas funções sejam raramente "executivas", ele ainda merece o nome de rei. Porém, mesmo nesse estrito domínio, apesar das fórmulas sonoras aparentemente favoráveis, seus instrumentos são contados. O papel importante da eleição na designação de numerosos agentes administrativos – um verdadeiro frenesi eletivo apoderou-se da França em 1789 – encolhe suas prerrogativas de "chefe supremo" da administração. Com certeza, como a maior parte dos "executivos", ele participa de outras funções além da pura execução das leis, mas tais acréscimos são parcamente contados. No âmbito da função legislativa, beneficia-se de um veto suspensivo – muito contestado – que lhe permite, por um tempo que vai de um pouco mais de dois anos a um pouco menos de seis anos, recusar-se a sancionar um texto votado pela Assembléia, portanto a transformar esse "decreto" em "lei", mas ele não goza de uma verdadeira iniciativa de leis. Da mesma maneira, ele pode ir à Assembléia, mas esta, na sua presença, deixa de ser um "corpo deliberante". Em princípio, ele dirige as relações exteriores, mas o direito de decidir a paz e a guerra cabe à Assembléia por proposição do rei, que não pode assinar tratados senão sob reserva de ratificações posteriores. É igualmente a Assembléia que fixa os efetivos das tropas, e o rei sequer tem a exclusividade da nomeação das patentes.

Os ministros, por último, não formam um gabinete e não estão submetidos à autoridade de um primeiro-ministro. Eles trabalham separadamente. Escolhidos e revogados livremente – por direito – pelo rei fora da Assembléia, só são responsáveis penalmente se forem acusados pelo corpo legislativo diante de uma Alta Corte nacional. O leque dos motivos de acusação é amplo: delitos contra a segurança nacional e a constituição, atentados à propriedade e à liberdade individual, dissipação de recursos públicos. Eles são os chefes de seus departamentos, e o rei não pode agir a não ser por intermédio deles. É função deles contra-assinar os atos do rei decorrentes de suas competências (qualquer iniciativa real deve, portanto, receber o assentimento de um ministro que aceite endossar a eventual responsabilidade penal). Só entram na Assembléia para serem ouvidos a respeito de assuntos relativos a suas administrações ou para prestar esclarecimentos que tenham sido instados a fornecer.

3. **O espírito de um texto** – A famosa "separação dos poderes", reivindicada pelos constituintes e consagrada sobretudo como critério de validade de toda constituição (artigo 16 da Declaração), deve ser bem-compreendida.

Para a maior parte dos envolvidos, há apenas um princípio bastante vago, de valor sobretudo negativo, que resulta em negar qualquer legitimidade à concentração (teórica) de funções pelo monarca do Antigo Regime. À parte isso, as visões variam de maneira considerável. Os que permanecem fiéis a Montesquieu (que jamais utilizou tal expressão) não são favoráveis a uma "separação" estrita: apenas desejariam, por exemplo, uma ampla distribuição da função legislativa. Em compensação, os que se inspiram mais em Rousseau, ou os que, como Sieyès, aspiram a ver consagradas, nesse domínio, as capacidades analíticas da razão, pleiteariam somente um "separatismo" funcional forçado, que desse ao órgão "legislativo" a exclusividade da função legislativa. De compromisso em compromisso, a solução encontrada não decorreu nem de um esquema nem de outro.

A clara independência teórica dos órgãos, a pequena distribuição das funções – mas com todos os meios para a Assembléia usurpar o exercício da função executiva – permitem aproximar a constituição de 1791 da constituição americana de 1787. É preciso, entretanto, notar importantes diferenças técnicas, resultantes de um outro contexto intelectual, como o bicameralismo. Além disso, o clima é inteiramente diferente: o presidente George Washington é aureolado de glória, enquanto Luís XVI está em grande parte desacreditado. Por outro lado, nos Estados Unidos, uma certa desconfiança em relação à lei e ao Congresso tempera a lógica mais "congressional" do que presidencial das instituições. O veto, peça-chave do dispositivo, que desempenha um papel de pouca importância na América da época, é chamado na França para pôr fogo na pólvora: em Paris, embora o princípio da soberania não resida em nenhum dos órgãos constituídos, é bastante difundido o sentimento de que é a Assembléia que o encarna em última instância.

A irresponsabilidade política dos ministros – a prática iria demonstrá-la – acumulava inconvenientes. Escolhidos fora da Assembléia, não tinham condições de obter dela uma legitimidade de tipo parlamentar. Ademais, o princípio da irresponsabilidade não impedirá a maioria da Assembléia, utilizando inteiramente a ameaça da responsabilidade penal, de conseguir, em março de 1792, a substituição de um ministério "feuillant"[70] por um ministério "jacobino". No final das contas, na perspectiva de um regime equilibrado, teria valido mais a pena um veto mais fraco, limitado a uma legislatura, e a ratificação de elos mais sólidos entre a Assembléia e os ministros nela escolhidos.

Provavelmente satisfeitos com seu texto, os constituintes quiseram tornar sua revisão muito difícil. As circunstâncias iriam rapidamente desfazer essa vontade de imobilizar o futuro.

O texto definitivo da constituição é votado em 3 de setembro; Luís XVI presta juramento dia 14. Os vícios de concepção e de funcionamento do regime, perceptíveis a partir de 1789 – fraqueza e subordinação excessivas de um "executivo" que não tem as condições morais para as prerrogativas que lhe são reconhecidas, poder invasor de uma câmara hipertrofiada, entre outros –, estão doravante institucionalizados e vêm se somar aos dois terríveis males que já assolam a França: o cisma político-religioso e a inflação monetária. Mas a hora oficial é de auto-satisfação, e a verdade é que a obra consumada é imensa. A constituinte pode se separar (30 de setembro), dando lugar ao Corpo legislativo que acaba de ser eleito no começo do mês. Num gesto cuja generosidade só igualou a cegueira, os constituintes seguiram Robespierre, declarando-se inelegíveis para a nova Assembléia (16 de maio de 1791). É, pois, um pessoal político inteiramente renovado que vai pôr em prática a constituição.

---

70. O Clube dos Feuillants era um grupo político de tendência monarquista constitucional que se opunha à derrubada de Luis XVI. Reunia-se no antigo Convento dos Feuillants, que deu origem ao seu nome.

Capítulo V

A queda da realeza

I – A esquerdização

Mais jovens e inexperientes, menos brilhantes, os membros do Corpo legislativo que se reuniu em 1° de outubro de 1791 são igualmente mais "avançados" do que seus veteranos da constituinte. A lembrança de Varennes está viva em todos os espíritos. A época da Assembléia legislativa será a da suspeita agravada – instintiva ou ideológica – em relação ao "executivo".

1. **A composição da Assembléia** – As eleições do verão de 1791 provocaram um acentuado desvio para a esquerda. As tendências contra-revolucionárias representadas anteriormente sob o nome de partido "negro" ou "aristocrata" foram varridas, substituídas por moderados oriundos freqüentemente da esquerda.

> À "direita" têm assento mais de 260 feuillants, favoráveis a uma aplicação leal da constituição. Muito divididos entre os partidários do triunvirato Barnave-Duport-Lameth e os de La Fayette, os feuillants sofrem com a ausência de seus principais líderes na Assembléia.
> À esquerda têm assento perto de 140 "jacobinos", inscritos na sua maior parte no Clube da Rue Saint-Honoré. No meio deles, a extrema esquerda democrática, com Robert Lindet, Couthon, Carnot e o trio "cordelier" Chabot-Basire-Merlin (de Thionville), não tem grande peso numérico diante do grupo dinâmico, porém desordenado, dos "brissotins" (futuros "girondinos"), do qual emergem as personalidades de Brissot – no passado um reles escritor, encarnação característica de numerosos "Rousseau das sarjetas" da Paris pré-revolucionária, fundador da Sociedade dos Amigos dos Negros

e do jornal *Le Patriote français* – e, um pouco à margem, do ex-marquês de Condorcet, matemático e filósofo que se extraviou na política concreta, sem esquecer os talentosos oradores que acabaram de se eleger pelo departamento de Gironde, tais como Vergniaud, Guadet e Gensonné. Os brissotins têm da constituição nova uma leitura abusiva e mais conforme, no fundo, com a lógica revolucionária: o rei dos franceses deve ver suas atribuições estreitamente reduzidas; a realeza deve ser neutralizada e todo o poder efetivo deve emanar da Assembléia, a única a representar verdadeiramente a nação soberana.

No centro, senta-se um amplo "Marais"[71] de cerca de 350 deputados, sem programa preciso, mas que, chegado o momento, fará e desfará as maiorias. Como na Assembléia precedente, essas segmentações políticas são frágeis e móveis.

2. **O papel crescente dos clubes** – Segundo Brissot e seus amigos, o impulso revolucionário e o controle das autoridades políticas e administrativas devem ser assegurados pelos clubes e pelas sociedades populares, mediadores esclarecidos da "vontade geral". Sob o pretexto de fazer respeitar a constituição, trata-se de moldá-la pela prática clubista.

Reservado primeiro aos deputados, o clube dos jacobinos abriu-se para o pessoal das letras, para advogados e homens da lei, para burgueses que não se assustavam com o valor da contribuição. No verão de 1791, contava com 1.200 adesões e já tinha quatrocentas sociedades afiliadas na província – quatro vezes mais do que em 1790; serão seiscentas em 1792, oitocentas em 1793, duas mil em 1794 –, mantendo com a casa-mãe uma volumosa correspondência. A deserção maciça dos deputados moderados, em julho, permitiu a Robespierre e aos jacobinos "duros" controlar e até mesmo reforçar essa rede provinciana cada vez mais eficaz e centralizada, sem equivalente à altura. Tendo, por prudência política, desistido de exigir a deposição do rei, os jacobinos militarão pelo estabelecimento do

71. Termo pejorativo que, na Convenção, designava a Planície, entre os girondinos e os montanheses.

sufrágio universal e desempenharão, de modo mais geral, o duplo papel de grupo de pressão e consciência revolucionária da Assembléia (enquanto aguardam para passar à ação ilegal e se tornarem em seguida, senão um Estado dentro do Estado, ao menos uma espécie de partido oficial da República).

> Mais democrata ainda, o clube parisiense dos cordeliers não era na origem senão uma sociedade popular de bairro dentre outras. Nele militavam pequenos burgueses, comerciantes, artesãos, pouquíssimos operários e pobres (insuficientemente politizados). Viam-se por lá jornalistas (Desmoulins, Marat, Hébert), o açougueiro Legendre, o cervejeiro Santerre. Sempre à frente da Revolução, ligados aos agitadores dos bairros do centro e dos *faubourgs* do Leste, dominando uma rede de sociedades populares, os cordeliers se diziam, desde a crise de Varennes e a fuzilaria do Champ-de-Mars, cada vez mais republicanos.
>
> O novo clube moderado dos feuillants, por sua vez, só terá um papel no começo da Assembléia Legislativa (83 sociedades afiliadas em outubro de 1791, contra 550 nos jacobinos). Por falta provável de participação popular, ele será bem depressa – como haviam sido, um de cada vez, os clubes moderados sob a constituinte – superado pelos acontecimentos.

3. **A situação ambígua da realeza** – Apesar da chama democrática, a maior parte da França parece continuar partidária da realeza e favorável à constituição (esta é inadaptada e não corresponde a nenhuma lógica consistente, mas a opinião pública, no conjunto, não tem consciência desse fato).

Embora a questão religiosa e, em menor medida, a influência da rainha tenham reforçado em Luís XVI o sentimento de recusa da Revolução, muitos franceses ainda acreditam que ele esteja decidido a jogar o jogo constitucional. Contudo, Maria Antonieta e seu círculo esperam que a França acabe se cansando da Revolução e da constituição. É a razão pela qual, praticando a política do pior, eles apóiam os partidos extremos contra os moderados. O jacobino Petion é, assim, eleito prefeito de Paris contra La Fayette (novembro de 1791), e os fundos angariados a partir da dotação especial do rei são desperdiçados para comprar agitadores parisienses como Danton, que não têm nenhuma intenção de sustentar um edifício cambaleante. A realeza sonha cada vez mais com uma intervenção do estrangeiro; ela negocia com a Áustria e a Espanha. O segredo é mal guardado; as acusações chovem; os jacobinos, manipulando os rumores, falam de um "comitê austríaco" formado em torno da rainha para "conspirar com o estrangeiro contra a nação", e o rei é suspeito de manter ligações com os emigrados.

> O exemplo do conde de Artois foi seguido, depois de 1789, por alguns nobres (os burgueses emigraram mais tarde) que fugiam da *jacquerie* e da Revolução, persuadidos de que voltariam dentro em breve. Em 1790-1791, foi a vez de muitos oficiais emigrarem (a marinha será decapitada pela emigração e não se recuperará). Desde a fuga em junho de 1791 do conde de Provence, outro irmão do rei (futuro Luís XVIII), as novas partidas passaram a ser mais coordenadas e melhor preparadas.
>
> A partir de 1789, formara-se em Turim um comitê contra-revolucionário dirigido pelo antigo ministro Calonne. Ele sugeriu a formação de um corpo militar composto de emigrados e organizou diversas tentativas de seqüestro de Luís XVI. Pensou-se também em uma insurreição geral sobre o território francês, mas os complôs foram descobertos, e os projetos, adiados.

O simples fato da emigração, quaisquer que fossem as tensões que influenciavam as relações de Luís XVI com seus irmãos e os emigrados, confirmava entre os "patriotas" a idéia de uma traição real.

> Em 1791, as reuniões de emigrados concentravam-se no eleitorado de Trèves, na Renânia, onde eles viviam dos magros subsídios que lhes tinham sido concedidos pelo imperador germânico Leopoldo II, pelo rei da Espanha e por

alguns príncipes alemães. Possivelmente, um total de 25 mil homens ardendo para entrar em ação o mais rápido possível, mas nada podia ser feito sem a intervenção das potências européias.

II – A guerra

1. **A Europa e a Revolução** – A repercussão intelectual da Revolução na Europa é considerável. Quanto às chancelarias estrangeiras, elas manifestam visões bastante sumárias.

O enfraquecimento da França alegra a maior parte delas, que sonham por vezes em financiar uma eventual intervenção militar tendo em vista ganhos territoriais. A esses apetites se superpõe a inquietação, que cresce no próprio ritmo do contágio revolucionário (vale do Reno, norte da Itália). Os antigos regimes se verão virtualmente ameaçados pela queda do mais prestigioso deles. A despeito do pacifismo exibido pela constituinte, a afirmação revolucionária de uma forma de direito dos povos de dispor de si mesmos mina todas as soberanias; é em nome de tal princípio que Avignon subleva-se contra o papa, e essa cidade e o Comtat Venaissin (este majoritariamente fiel ao sumo pontífice) são anexados à França em setembro de 1791.

É na Inglaterra e na Alemanha que a onda de choque intelectual é mais forte. Do outro lado do canal da Mancha, a facção politicamente dominante – os *Whigs* – divide-se: a corrente favorável aos acontecimentos que se desenrolam na França reúne-se em torno de Fox[72], enquanto uma corrente hostil majoritária, em torno de Pitt, o Jovem[73], tende para o conservadorismo. Com o passar do tempo, o fato mais relevante será o grande debate em torno da obra de Burke. Edmund Burke é ele mesmo um *whig*; ligado à "Gloriosa Revolução"

72. Charles James Fox (1749-1806): um dos mais destacados membros do partido Whig e adversário de Pitt. Político britânico partidário da aliança de seu país com a França e os Estados Unidos. (N.T.)
73. Político britânico do final do século XVIII e começo do XIX, foi primeiro-ministro entre 1783 e 1801. (N.T.)

de 1688-1689, freqüentemente adotou posições liberais, mas o antitradicionalismo sistemático da Revolução levou-o a endurecer certos aspectos de seu pensamento em suas famosas *Reflexões sobre a Revolução da França*, de 1790. Burke opõe as liberdades inglesas, fruto de uma recepção histórica singular da Lei natural, à abstração desastrosa dos direitos do homem à moda francesa. Ele denuncia o orgulho do constitucionalismo da tábua rasa e exalta a elaboração progressiva do regime britânico. Essa obra decisiva ancora uma crítica política severa numa poderosa filosofia que, mesmo influenciando muito pouco a escola contra-revolucionária francesa (Bonald, Maistre), nutre até nossos dias o pensamento conservador mais ou menos tradicionalista e liberal (Hayek). Burke escreveu-a como réplica ao livro de Richard Price; suscitou por sua vez uma vigorosa resposta do anglo-americano Thomas Paine, autor do famoso ensaio *Senso comum*. Sua nova obra, *Os direitos do homem*, também obter sucesso. Houve outras réplicas, mas é o livro de Burke, traduzido em várias línguas, que repercutirá mais.

Na Alemanha, a obra de Burke alimentará uma reflexão importante e estimulará a hostilidade de certos autores em relação à França nova (Brandès, Rehberg e também Gentz, inicialmente seduzido). Contudo, em um primeiro momento, a acolhida da Revolução pela Alemanha intelectual é globalmente favorável. Ainda se está longe da oscilação romântica do final do século e de sua primeira dimensão reacionária. Por ora, a ressonância é profunda, amplificada pela interferência de um movimento filosófico de excepcional poder: Kant, Fichte, Hegel – o que não impede que ocorram variações de juízo posteriores – acolhem a Revolução com o mais vivo interesse.

O imperador Leopoldo II e o rei da Prússia Frederico Guilherme II encontram-se em Pillnitz em agosto de 1791. No dia 27, declaram-se decididos a agir em favor de Luís XVI, mas com a condição de serem seguidos pelos outros príncipes da Europa. O imperador não deseja a guerra; prefere – como Luís XVI? – um congresso de potências européias para ditar sua lei à França, sem intervenção armada. Embora a restrição a respeito do acordo dos outros monarcas esvazie o texto de seu conteúdo, os "patriotas", em Paris, vêem na declaração de Pillnitz uma maquinação de inspiração "aristocrata": a exaltação do sentimento nacional caminha junto com uma suspeita crescente em relação ao rei.

2. **O veto** – A situação na França continua particularmente tensa.

> O comércio colonial está interrompido, principalmente por causa da revolta dos escravos em Santo Domingo (1790), e a indústria começa a afundar. A colheita de 1791 foi medíocre, e as condições meteorológicas são ruins. O *assignat* continua em queda. O encarecimento dos meios de subsistência suscita desordens e violências, por vezes assassinas. No outono, onda de rebeliões no Norte; em Paris e nos arredores, pede-se o congelamento dos preços dos gêneros de primeira necessidade. A liberação dos direitos feudais ainda não foi aceita. No sul do país, a guerra nos castelos será a mais violenta desde 1789, a mais politizada (começo de 1792). Os "patriotas" denunciam o conluio entre "aristocratas" e padres refratários. As querelas religiosas anunciam localmente a próxima generalização da guerra civil (Vendéia, Lozère).

Para remediar os riscos de contra-revolução, a Assembléia vota três importantes decretos (31 de outubro, 9 e 29 de novembro de 1791): o conde de Provence deve retornar à França dentro de dois meses sob pena de ser destituído de seus direitos à regência; os emigrados serão passíveis de morte e de ter os bens confiscados caso seus agrupamentos armados sobre o Reno não sejam dissolvidos em 1º de janeiro de 1792; por último, os padres refratários terão que prestar o juramento cívico sob pena de serem considerados suspeitos. Luís XVI, excepcionalmente, usa seu direito de veto (11 de novembro, 19 de dezembro). Contudo, escreve aos irmãos para convidá-los a voltar; declara-se até mesmo pronto a fazer a guerra aos príncipes alemães que persistirem em acolher reuniões de emigrados. Trabalho perdido: a opinião patriota só reteve o uso do veto.

3. **A caminho da guerra** – A guerra é a solução que parece se impor à maioria dos envolvidos na política.

> Do lado da realeza, uma guerra, acredita-se, só traria benefícios: uma improvável vitória francesa aumentaria o prestígio de Luís XVI, uma provável vitória européia lhe devolveria a autoridade. Os feuillants estão divididos. Alguns esperam da guerra uma recuperação da popularidade do rei – La Fayette, por exemplo, se veria de boa vontade como um general vitorioso, árbitro indispensável ao rei como à salvaguarda dos princípios de 1789 –, mas os outros temem que um estado de beligerância abale ou derrube o frágil edifício constitucional de 1791. À esquerda, os brissotins inflamam-se ingenuamente em prol de uma cruzada revolucionária que forçaria Luís XVI a se pronunciar a favor ou contra a nação, que purificaria os franceses, que permitiria prosseguir e consolidar a Revolução no interior, ao mesmo tempo propagando seus princípios no estrangeiro. Em dezembro de 1791, Robespierre encontra-se isolado dos jacobinos; revolucionário coerente, clama pela prudência: "Contemos nossos inimigos internos e marchemos em seguida contra nossos inimigos externos, se então ainda existirem. [...] Antes de correr para Coblentz, ponham-se ao menos em condições de fazer a guerra."

A partir de 1789, a situação dos ministros nunca mais foi fácil. O velho preconceito antiministerial sobreviveu ao rebaixamento e à paralisação do "executivo". Geralmente honestos e não inteiramente desprovidos de talentos, mesmo que freqüentemente lhes faltasse disposição, injustamente atacados pela esquerda e pelos clubes por seu "despotismo", os ministros de Luís XVI vêem-se, à imagem de seu mestre, à mercê dos acontecimentos. Alguns tremem diante da Assembléia, tanto que, em 1792, a confiança da Assembléia tornou-se sinônimo de "confiança da nação".

Ao contrário de Narbonne, ministro da Guerra, os ministros feuillants são hostis a um conflito armado. Como o ministro dos Negócios estrangeiros Lessart conseguiu a dispensa de Narbonne, os brissotins fazem votar contra ele um decreto de acusação (10 de março de 1792). Assustados, os outros ministros pedem demissão. Luís XVI decide, então, para acalmar a oposição e para comprometê-la, nomear um ministério "jacobino" (girondino), com Roland no Interior, o general Servan na Guerra, o banqueiro Clavière nas Contribuições e, nos Negócios Estrangeiros, um ambicioso intrigante, meio diplomata, meio soldado: o general Dumouriez. Essa equipe desastrada vai mergulhar a França em uma guerra que só terminará 23 anos mais tarde, em Waterloo.

> Pretextos não faltavam. Os príncipes alemães com possessões na Alsácia não aceitavam as conseqüências da noite de 4 de agosto de 1789[74], e a Dieta do Império os incitava à intransigência. Os agrupamentos de emigrados conduziram a Assembléia a ameaçar de guerra o eleitor[75] de Trèves; o imperador se interpôs, convidou o eleitor a dispersar os emigrados e ameaçou ele mesmo a França, caso ela persistisse em suas intenções belicosas, com uma intervenção militar. O revide girondino foi um ultimato à Áustria.

A morte do imperador Leopoldo II no dia 1º de março de 1792 deixou o lugar vago para seu jovem filho Francisco II, que respondeu ao ultimato girondino com uma nota seca, na qual exigia o restabelecimento dos príncipes possessionados em seus direitos e a restituição de Avignon ao papa. No dia 20 de abril, por proposição de Luís XVI, a Assembléia votou em meio ao entusiasmo, por unanimidade menos sete vozes, a declaração de guerra ao rei da Boêmia e da Hungria (Francisco II ainda não fora coroado imperador, e a titulação utilizada permitiu afirmar o caráter pessoal, antiaustríaco e não antialemão, da guerra que se iniciava).

---

74. Noite em que foram propostos pelos nobres e pelo clero a abolição dos privilégios fiscais das servidões pessoais e o resgate dos direitos feudais reais. (N.T.)
75. Príncipe ou bispo que participava da eleição do imperador na Alemanha antiga. (N.T.)

4. **Os primeiros reveses** – "Não posso conceber como se pôde declarar a guerra sem estar pronto para nada", confessará La Fayette tão logo se recobre de seus próprios erros.

> O ministério girondino ilude-se sobre a decadência das monarquias européias, sobre a capacidade vitoriosa das tropas francesas, sobre seus próprios talentos diplomáticos e as possibilidades de neutralidade prussiana ou de aliança sarda. Talleyrand é enviado a Londres para propor, em troca da aliança ou da neutralidade britânica, a ilha de Tobago e uma partilha da América do Sul! Dumouriez sonha com um levante dos Países Baixos contra a Áustria. Mas a França revolucionária, enfraquecida pelas dificuldades, sofre de uma terrível falta de dinheiro, de oficiais e de material, e a desordem reina absoluta no exército. A constituinte e a Assembléia frearam as tentativas de reorganização. Narbonne não teve tempo de concluir suas reformas. Aos 150 mil homens do tempo de paz se acrescentaram os batalhões de voluntários saídos da guarda nacional, menos numerosos do que o previsto, e não houve tempo para incorporá-los às tropas regulares.

Em 28 de abril, o pânico começa a desorganizar o exército reunido na fronteira dos Países Baixos. A ofensiva francesa é impossível, tanto mais quando a Prússia se junta à Áustria. No interior, a perseguição religiosa agrava-se – à espera dos próximos massacres de padres refratários no sul do país –, ameaçando abrir na França um segundo front, o da guerra civil. Por conta da guerra, a Assembléia é arrastada mais do que nunca pela espiral revolucionária. Golpe após golpe, a Assembléia vota a dissolução da guarda do rei e a partida de Paris de todas as tropas regulares, a deportação dos padres refratários, a formação em Soissons de um campo de vinte mil guardas nacionais voluntários, ditos "federados" (20 de maio a 8 de junho de 1792). Luís XVI opõe seu veto aos dois últimos decretos. Instado por seus ministros girondinos a rever sua decisão, ele os demite (12 de junho) para substituí-los por pálidos feuillants.

III – 10 de agosto

A demissão dos ministros jacobinos era perfeitamente constitucional, mas é interpretada pela esquerda da Assembléia como uma provocação "antinacional". Exasperados pela resistência real, os girondinos e o estado-maior da Comuna de Paris vão favorecer uma "jornada revolucionária" destinada a quebrar essa resistência.

1. **20 de junho** – Em 20 de junho de 1792, sob o pretexto do duplo aniversário do juramento do Jeu de Paume (20 de junho de 1789) e da fuga para Varennes (20 de junho de 1791), milhares de manifestantes vindos dos *faubourgs* sob a liderança de Santerre, depois de apresentar uma petição à Assembléia, forçam as portas das Tuileries. Durante horas, o rei vê desfilar diante dele insurgentes que o ameaçam e injuriam. "Sr. Veto" usa o boné vermelho e bebe à saúde da nação, mas não volta atrás nem sobre o veto, nem sobre a demissão dos ministros.

Pela primeira vez, Luís XVI não recuou. Essa vontade brutal de pressioná-lo violando a constituição parece provocar na França uma emoção considerável, traduzida por milhares de manifestações de apoio ao rei. O prefeito de Paris, Petion, é suspenso. No dia 28 de junho, La Fayette conclama a Assembléia a punir os facciosos. Luís XVI, fatalista, não aproveita sua vantagem (ele saberia explorá-la?); em nenhum caso deseja ser salvo pelos feuillants.

2. **A "pátria em perigo"** – Os prussianos do duque de Brunswick chegam rapidamente às fronteiras. Em 11 de julho, a Assembléia proclama "a pátria em perigo", ordena a convocação geral de voluntários e a requisição de todas as armas e munições. Os corpos administrativos instalam-se em sessão permanente. Uma alteração parece estar operando-se na opinião pública, que agora dá a impressão de censurar a resistência real que antes aprovara... Enquanto os girondinos negociam em vão com a realeza com o objetivo de retomar, no ministério, a frente de uma Revolução que lhes escapa, um comitê insurrecional secreto prepara uma operação de maior

envergadura nas seções de Paris, nas quais predomina a tendência jacobina "dura".

> Inicialmente unidades de voto (1790), transformadas muito depressa, como os distritos de 1789, em pequenas entidades administrativas e tribunas políticas de bairro, as seções constituem, com as sociedades populares, a ossatura do famoso "povo de Paris" e os órgãos de uma democracia direta local vívida, porém minoritária. Lideradas, como as sociedades populares, por intelectuais desclassificados ou homens da lei sem clientela, que difundem por lá uma propaganda democrata e republicana, abrem-se cada vez mais aos "cidadãos passivos", pequenos artesãos chamados de "*sans-culottes*"[76] que se infiltram também na guarda nacional, ao mesmo tempo em que os cidadãos pacíficos começam a abandonar as reuniões (e, por isso, sua participação ultrapassa raramente 10%). Em julho-agosto de 1792, as seções recebem o reforço dos federados: alguns que tinham ficado em Paris depois da recente festa da Federação, e outros (bretões, marselheses) que continuaram afluindo para se juntar – em princípio – ao campo de Soissons, cuja formação prosseguira a despeito do veto real.

Em 25 de julho, a Assembléia autoriza a permanência das seções. No dia 29, aos jacobinos, Robespierre exige a deposição do rei. No dia 30, a sessão do Théâtre-Français institui em suas dependências o sufrágio universal. Alguns dias mais tarde, 47 seções parisienses de um total de 48 se pronunciarão pela deposição de Luís XVI. Os "patriotas" hesitantes acabaram convencidos depois da divulgação do *Manifesto* de Brunswick. Esse documento agressivo, redigido por um emigrado, o marquês de Limon, para satisfazer os emigrados, considerava qualquer francês apanhado com armas na mão um "rebelde ao rei" e ameaçava Paris, caso novos ultrajes fossem infligidos a Luís XVI, com uma "execução militar" e uma "subversão total". Tais fanfarronices estúpidas tiveram por efeito apressar o desmoronamento da realeza.

76. Os homens do povo usavam na época calça comprida, ao passo que os calções [*culottes*] eram próprios da indumentária dos aristocratas. (N.T.)

3. **A rebelião** – As seções mais militantes deram à Assembléia um prazo até a meia-noite de 9 de agosto para pronunciar a deposição do rei. A Assembléia finge que não ouve. Na noite de 9 para 10, cria-se no Hôtel de Ville uma Comuna insurrecional. O chefe da guarda nacional, Mandat, é assassinado e substituído por Santerre. Os batalhões da rebelião – marselheses e membros de seções dos *faubourgs* – marcham sobre as Tuileries. Rœderer, procurador-geral e síndico do departamento de Paris, ligado aos girondinos, convence Luís XVI a se refugiar no Manège[77], onde está instalada a Assembléia, o que deveria restituir à Gironde e à Assembléia o domínio da situação. A fuga do rei não impede a fuzilaria nem a canhonada, nem a pilhagem do palácio pelos insurgentes. Centenas de guardas que defendiam as Tuileries são massacrados em condições atrozes. Diante do triunfo da rebelião, o corpo legislativo, reduzido a 40% de seu efetivo – o medo provocou a fuga da maioria moderada –, decreta a eleição próxima, com sufrágio universal, de uma nova constituinte: a *Convenção Nacional*. A Assembléia suspende o rei, que será internado enquanto espera que sua sorte seja decidida; a Assembléia designa um Conselho executivo provisório de coloração girondina, no qual se destacam sobretudo Roland e Clavière – dois antigos membros da equipe Dumouriez – e um ministro da Justiça que conta com a simpatia dos rebeldes: Georges-Jacques Danton, segundo substituto do procurador da defunta Comuna legal e um dos agentes da nova Comuna insurrecional.

A data de 10 de agosto de 1792 marca uma nova aceleração do movimento revolucionário, decididamente pouco respeitoso de uma legalidade que, no entanto, era originária da Revolução. Bastará, em várias etapas, "relegalizar" a violência e então passar ao regime do Terror estatal. Os jacobinos acompanharão essa tendência com maestria, colocando a violência a serviço do aparelho do Estado depois de tê-la utilizado contra ele.

---

77. Academia real de equitação construída durante a minoridade de Luís XV, próxima ao palácio das Tuileries, em Paris, sede de importantes eventos ligados à Revolução Francesa. (N.T.)

CAPÍTULO VI

A REPÚBLICA

Não se trata mais de estabilizar a Revolução. Os chefes feuillants tornaram-se suspeitos: os próprios girondinos foram superados pela situação. A queda da realeza, acontecimento importantíssimo, em nada conjurou os perigos que ameaçam a França revolucionária: e a Revolução, uma vez mais, toma impulso.

I – Primeiro "Terror", primeira vitória

1. **Os órgãos do poder revolucionário** – Entre 10 de agosto e a reunião da Convenção Nacional (20-21 de setembro de 1792) – um parêntese durante o qual a nação, que venceu a "tirania" no final de sua "resistência à opressão", é instada a reatar com sua plena soberania, o que lhe permite escapar de uma pesada revisão constitucional –, três órgãos disputam o poder: o Conselho executivo, a Assembléia legislativa e a Comuna insurrecional de Paris.

a) O Conselho executivo – O Conselho executivo provisório, que reúne os seis novos ministros, é dominado pela tonitruante personalidade de Danton.

Nascido na Champagne em 1759, venal e violento, oportunista e *bon vivant*, Georges-Jacques Danton tornara-se ilustre como um dos líderes do bairro do Théâtre-Français. Membro do diretório do departamento de Paris, depois segundo substituto do procurador da Comuna, faz sucesso nos meios populares por sua eloqüência poderosa e vulgar.

Factótum do Conselho executivo, Danton estimula as energias vacilantes e profere diante da Assembléia legislativa desamparada discursos de salvação pública ("Tudo pertence à pátria quando a pátria está em perigo"; "Audácia, sempre audácia, mais audácia, e a França estará salva"); como ministro da Justiça, imiscui-se nas questões militares e diplomáticas; impõe aos colegas o envio de comissários aos departamentos, escolhidos por ele no meio ultra-revolucionário dos cordeliers e da nova Comuna; esses missionários da Revolução jacobina vão exportar o 10 de agosto para a província, por bem ou por mal.

b) A Assembléia – "Quando a constituição estava quebrada, o corpo legislativo não tinha mais poder, mas ele foi obrigado a manter seus poderes até a nação dizer: eu aprovo a revolução de 10 de agosto" (Cambon). A Assembléia moribunda, amputada pela abstenção ou pela fuga dos moderados e pela partida de numerosos deputados em busca da reeleição provincial, é dominada intelectualmente pela Gironde, mas fisicamente submetida à pressão das ruas. Seus atos políticos mais importantes revelam a aceleração do processo revolucionário. Entre outras medidas, no dia 11 de agosto, a Assembléia confia a polícia política às municipalidades (donde a multiplicação de "comitês de vigilância"); no dia 14, decreta a venda dos bens dos emigrados e dos bens comunais; no dia 18, suprime as últimas ordens religiosas e as congregações de ensino e hospitalares; no dia 25, abole sem indenização os foros feudais sem título, o que equivale a uma abolição geral *de fato*; em 20 de setembro, durante sua última reunião, autoriza o divórcio e retira do clero a atestação de estado civil para confiá-la às municipalidades.

c) A Comuna de Paris e os massacres de setembro – A instituição nascida de 10 de agosto, povoada de cidadãos pouco conhecidos (lojistas, artesãos, militantes das sociedades populares), mas fortalecida pelo apoio dos *faubourgs*, pela aprovação prestigiosa de Robespierre e pelo assentimento de Danton, consegue, não obstante as tentativas da Assembléia de dissolvê-la, confiscar de Paris a realidade cotidiana do poder. É a Comuna que transforma a internação de Luís XVI em prisão. É ela que impõe à Assembléia, em 17 de outubro, a criação de um tribunal criminal extraordinário (primeiro esboço do Tribunal revolucionário de 1793) e depois, no final do mês, as visitas domiciliares. Não hesita em enviar, como a Assembléia ou o Conselho executivo, comissários para os departamentos. Organiza, de forma febril e com grande tumulto, a defesa de Paris contra o invasor austro-húngaro.

É também a Comuna de Paris que, indo muito além dos decretos da Assembléia, dá o exemplo da grande perseguição anti-religiosa ao determinar a prisão maciça de padres refratários no futuro próximo. É ela, finalmente, que carrega a parte mais pesada da responsabilidade pelos sinistros massacres de setembro, paródia de "justiça popular" organizada nas portas das prisões, que a Comuna e seu Comitê de vigilância – no mínimo – encorajaram.

> Contam-se mais de 1.300 vítimas em Paris entre 2 e 6 de setembro, das quais 223 padres, talvez 150 guardas oficiais e outros "aristocratas", e perto de mil prisioneiros de direito comum (supostamente seus cúmplices). Embora várias regiões tenham conhecido, em uma escala bem menor, seus próprios massacres, o horror das matanças parisienses estará para muitos ligado ao próximo divórcio entre uma parte da província e Paris, cujo reflexo político será a oposição dos girondinos e dos montanheses.

Ao criar o irremediável e reduzir ao silêncio moderados e contra-revolucionários, esse "primeiro Terror" – o adjetivo é discutível, porém clássico – consolida os resultados políticos obtidos em 10 de agosto.

2. **Valmy** – Além das "lentidões" do Tribunal de 17 de agosto, o pretexto invocado para justificar os massacres de setembro é geralmente – de forma semelhante ao mítico "complô das prisões"[78] – a invasão estrangeira: os voluntários, antes de

78. O "complô das prisões" designa um plano elaborado para eliminação física de prisioneiros. As prisões parisienses estavam excessivamente lotadas depois da supressão dos tribunais revolucionários provinciais. Só numa delas, em decorrência de um suposto motim, teriam sido eliminadas de uma vez só mais de 70 pessoas. (N.T.)

marchar para as fronteiras, não deviam deixar para trás nenhum "traidor"... A obsessão pelo cerco que afeta os "patriotas" explica-se facilmente. Eles não podem mais confiar nos generais: em 19 de agosto, depois de tentar inutilmente fazer seu exército marchar sobre a capital, La Fayette entregou-se aos austríacos (será prisioneiro deles por mais de cinco anos). Longwy cai em 23 de agosto, Verdun em 2 de setembro. A estrada de Paris está aberta.

Uma manobra ousada de Dumouriez permite parar os prussianos em Valmy, na Argonne (20 de setembro de 1792). Um mês mais tarde – após misteriosas negociações –, os prussianos, desanimados e roídos pela disenteria, atravessam a fronteira. A canhonada de Valmy torna-se retrospectivamente uma batalha decisiva e – embora o grosso do exército francês ainda fosse do Antigo Regime – a primeira vitória militar da Revolução. A "República", proclamada em 22 de setembro, pode passar ao contra-ataque. No outono, a ofensiva é geral. Os exércitos republicanos vão ocupar Savóia, Nice, os bispados alemães e a margem esquerda do Reno, a Bélgica (depois da vitória de Dumouriez sobre os austríacos em Jemappes em 6 de novembro).

II – Gironde e Montanha

Eleita no final de agosto e no começo de setembro por sufrágio universal em dois graus, em um clima passional e por maioria insuficiente, por conta de uma abstenção maciça dos eleitores moderados, a Convenção nacional, como anteriormente a Assembléia legislativa, é o reflexo da completa recomposição da paisagem política. Os feuillants e outros revolucionários, que se tornaram mais moderados, desapareceram por sua vez: todos os convencionais são ou se dizem republicanos. Essa unanimidade de fachada, que permite abolir a realeza (21 de setembro), datar os atos públicos de "ano I da República" (22 de setembro) e proclamar a indivisibilidade da dita República (25 de setembro), não tardará a se desconjuntar. Muitos deputados, burgueses individualistas, se surpreenderão com seu próprio descaminho político e verão se esvair os sonhos de uma bela República fraternal.

A antiga esquerda da Assembléia cinde-se em dois blocos hostis. Girondinos contra montanheses, separados por uma suspeita mútua e querelas pessoais, até por diferenças de temperamentos e nuances de sensibilidade relacionadas a uma certa diferença de gerações, tanto quanto – ou mais? – de oposição de programas. Entre essas duas facções, os homens da Planície[79], que hesitam meio a meio entre o imobilismo e a participação, desempenharão o papel de árbitro, sustentando sucessivamente a Gironde e a Montanha.

1. **Os girondinos** – Os girondinos têm assento agora "à direita" (dessa vez, a expressão tem sentido apenas topográfico). Seus efetivos, em torno de um núcleo radical de umas vinte personalidades, não ultrapassarão 160 deputados de um total de 730 (duzentos talvez, contando seus satélites): saídos da Assembléia (Brissot, Vergniaud, Guadet, Gensonné, Isnard, Louvet, aos quais se podem acrescentar o simpatizante Condorcet), antigos constituintes (Buzot, Petion, Lanjuinais, o pastor Rabaut Saint-Etienne) ou novos eleitos (Barbaroux, o ministro Roland).

> Composta de homens da lei, bons juristas, jornalistas ou negociantes do Sul, do Oeste e do Sudeste, originários em geral de uma burguesia de província razoavelmente abastada, freqüentemente cultos e céticos, generosos e por vezes frívolos, falta à nebulosa girondina homogeneidade e coerência políticas. Entretanto, quatro traços predominam: um legalismo tão formalista quanto tardio, que conduzirá os girondinos ao malogro; uma hostilidade visceral à Comuna – donde sua denúncia polêmica, imediata, dos massacres de setembro – e ao papel político excessivo de Paris, cidade onde sua influência se tornou negligenciável (donde a acusação, geralmente exagerada, de "federalismo"); uma clara tendência liberal em

79. A Planície era o centro da Assembléia convencional, onde se sentavam os moderados (girondinos), opostos à Montanha (também chamada de Marais). (N.T.)

economia, em parte explicável pelas ligações portuárias de alguns; e, por último, uma forte propensão a uma forma de incredulidade religiosa, bem à maneira do Iluminismo francês.

2. **Os montanheses** – Diante da Gironde ergue-se a Montanha, cujos efetivos, limitados no começo a algumas dezenas de deputados agrupados em torno dos representantes de Paris (Robespierre, Danton, o ator Collot d'Herbois, o advogado Billaud-Varenne, os jornalistas Camille Desmoulins e Marat, etc.), não param de aumentar até alcançar 270 por volta de 1793.

Embora os montanheses sejam também quase todos burgueses, sua coalizão é mais heteróclita socialmente do que a Gironde, na medida em que conta com um número maior de desclassificados. A Montanha é composta de homens freqüentemente mais jovens, talvez às vezes mais religiosos (no sentido de Jean-Jacques Rousseau), mesmo que haja também em suas fileiras ateus militantes. Por fim, aguardando as divisões futuras do ano II, ela é politicamente mais homogênea. Para além das motivações muito diversas de seus membros – ideologia pura (Robespierre, Saint-Just), assim como rancor social ou realismo cínico –, a Montanha domina o clube dos jacobinos e marcha em fileiras cerradas no sentido imposto aos acontecimentos pela lógica de uma Revolução cada vez mais radical; admite mais facilmente, em geral, um certo dirigismo econômico. Diferentemente de seus adversários, a maioria dos montanheses é dotada de uma firme vontade política e de um real sentido de decisão, e eles terminarão arrastando no seu rastro os deputados da maioria – a Planície –, muitos dos quais, como Barère, certos de que a vitória virá, se juntarão a eles em 1793; os outros membros do Marais farão como Sieyès, contentando-se em viver, ou seja, em sobreviver.

3. **A ofensiva girondina** – Os girondinos passam rapidamente à ofensiva. Seu alvo predileto é o novo triunvirato (Robespierre, Danton, Marat), acusado de aspirar à ditadura. Os jacobinos – um por um, os girondinos vão sendo excluídos do clube – são qualificados de "desorganizadores", acusa-

dos por Brissot de querer "tudo nivelar, as propriedades, o conforto material, o preço dos alimentos". Os montanheses, com Robespierre à frente, replicam denunciando a vontade girondina de confiscar o poder "no interesse dos ricos". Os esforços de Danton em favor da conciliação são inoperantes; ele mesmo é atacado a respeito da escandalosa gestão dos fundos secretos na ocasião de sua passagem pelo ministério.

III – A morte do rei

1. **O processo** – Com os moderados reduzidos ao silêncio, a maior parte das petições reivindica o processo de acusação de Luís XVI. Girondinos e legalistas hesitam: Luís não é inviolável em virtude da constituição? A Convenção tem o direito e o poder de julgar o rei deposto? A questão não está aí; o ato a consumar não é judiciário, mas político: o que conta – os montanheses coerentes viram-no bem – é ferir de morte, de maneira simultaneamente concreta e simbólica, um homem (Luís XVI), uma estirpe real prestigiosa (os Capetos) e uma idéia (a realeza).

> "Os mesmos homens que vão julgar Luís têm uma república a fundar", declara Saint-Just em 13 de novembro de 1792. "Quanto a mim, não vejo meio-termo: este homem deve reinar ou morrer." Robespierre lhe faz eco em 3 de dezembro: "Não há no caso processo a fazer. Luís não é um acusado, os senhores não são juízes; os senhores não podem ser senão homens de Estado e representantes da nação. Não têm uma sentença a emitir a favor ou contra um homem, mas uma medida de salvação pública a adotar, um ato de providência nacional a exercer."
>
> A descoberta nas Tuileries, no dia 20 de novembro, do "armário de ferro" contendo diversos documentos que reforçam a tese de um conluio do rei com Mirabeau, com a emigração, com as potências estrangeiras, provocou a decisão. O processo abre-se na Convenção em 11 de dezembro de 1792. Desenrola-se sob a pressão constante dos "patriotas" que lotam as tribunas. O rei defende-se bastante mal, mas não lhe foram dados os meios de defesa. À pergunta "Luis Cape-

to é culpado de conspiração contra a liberdade pública e de atentados contra a segurança nacional?", respondeu-se "sim" por unanimidade menos algumas abstenções. O apelo à nação da sentença proferida foi rejeitado por 426 votos contra 278. Como Vergniaud e alguns girondinos memoráveis se pronunciaram pela pena de morte, esta foi aprovada por 387 votos contra 334 (17 de janeiro); Felipe Egalité, ex-duque de Orléans e primo de Luís XVI, está entre os regicidas. Apesar da tentativa de última hora de uns tantos girondinos, o *sursis* foi rejeitado por 380 votos contra 310 (18 de janeiro).

Na manhã do dia 21 de janeiro, o rei morre no cadafalso da Place de la Révolution (futura Place de la Concorde). Todas as pontes com o passado foram cortadas. Coroamento lógico de 10 de agosto e de 21 de setembro, ato fundador da República, a execução de Luís XVI é também um desafio à Europa monárquica. A resposta não tarda.

2. **A coalizão** – Com a entrada da Inglaterra na guerra, forma-se uma coalizão juntando – além da Áustria e da Prússia – a Espanha, a Holanda e os principais Estados alemães e italianos. A era das vitórias fáceis parece consumada; as derrotas acumulam-se; Dumouriez é vencido em Neerwinden (18 de março de 1793) e junta-se às linhas austríacas com Luís Felipe, filho de Felipe Egalité e futuro rei dos franceses em 1830; a margem esquerda do Reno está perdida; os espanhóis ameaçam os Pireneus, enquanto a insurreição vendeana (março de 1793) cria um novo front no interior.

IV – A queda da Gironde

1. **O cerco** – Para evitar os perigos que ameaçam a República, a Convenção não pára de decretar medidas de "salvação pública": convocação de 300 mil homens (24 de fevereiro de 1793), envio de representantes em missão aos departamentos, criação de um novo tribunal criminal extraordinário (10 de março) que logo será chamado de "Tribunal revolucionário", institucionalização dos comitês de vigilância (21 de março),

transformação do Comitê de defesa geral da Assembléia em Comitê de salvação pública dotado de atribuições ampliadas (6 de abril), etc. Muitas dessas medidas, "pré-terroristas", são combatidas pelos girondinos que, sentindo-se ameaçados, retomam a ofensiva contra os chefes da Montanha – desajeitadamente: Marat é absolvido pelo Tribunal revolucionário (24 de abril) – e contra a Comuna. Uma vez mais, as tentativas de conciliação republicana de Danton, figura de proa do primeiro Comitê de salvação pública, são inúteis.

O combate das duas facções chega ao final. Para os montanheses, diversos indícios provam que os girondinos traíram a Revolução: sua "indulgência" no processo de Luís XVI, seus elos reais ou supostos com o "traidor" Dumouriez, seu "federalismo" destruidor da unidade da República, sua intimidade com os "ricos"; acusações em parte excessivas, mas a verdade é que a Gironde engajara-se, desde janeiro, na via da moderação.
A maioria das seções de Paris exige a expulsão da Convenção de 22 deputados girondinos. Esses deputados obtêm a criação de uma Comissão dos Doze, encarregada de investigar os abusos de poder da Comuna: a prisão efêmera do jornalista Hébert, substituto do procurador, será o último sucesso da Gironde. A uma delegação ameaçadora da Comuna que veio reclamar a libertação de Hébert, o girondino Isnard, que preside a Convenção, responde com estas frases tão famosas quanto desastradas: "Se por essas insurreições sempre renascentes a representação nacional se visse ameaçada, eu lhes declaro em nome da França inteira, Paris seria aniquilada... Em pouco tempo iríamos verificar às margens do Sena se Paris existiu" (25 de maio).

2. **A morte** – Os girondinos não têm mais meios para enfrentar as ameaças. Seus inimigos não terão nenhuma dificuldade em lhes aplicar o golpe de misericórdia.

Em sua luta de morte contra a Gironde, a Comuna beneficia-se de uma situação econômica mais do que tensa. Os preços não param de subir sob o efeito da depreciação do *assignat*, e os salários não acompanham. Durante a "jornada do sabão" (25 de fevereiro de 1793), as mercearias parisienses foram pilhadas e os gêneros de primeira necessidade tabelados pelos revoltosos. Nas seções, Jacques Roux e os "raivosos"[80] exigem aos berros um teto máximo de preços e um confisco obrigatório dos ricos. A Convenção, que decretou a pena de morte contra os partidários da lei agrária (18 de março), autoriza o curso forçado do *assignat* (11 de abril), o preço máximo dos grãos e farinhas (4 de maio) – na véspera de uma nova emissão maciça de *assignats* (5 de maio) –, depois um confisco forçado de 1 bilhão dos ricos (20 de maio).

Em concordância com Robespierre e os outros chefes da Montanha, a Comuna organiza uma "jornada revolucionária" contra a Gironde. As precedentes, de 8 e 10 de março, não tiveram organização nem finalidade política precisa. As de 31 de maio e 2 de junho, assim como as de 5 e 6 de outubro de 1789 e a de 10 de agosto de 1792, cumprirão com perfeição a pressão física exercida sobre a instituição.

A massa de manobra está pronta: são os *sans-culottes*. Tipo político e social novo, surgido na virada dos anos 1791-1792, que se impõe agora como o modelo uniforme do militante revolucionário (e terrorista), saído das "classes trabalhadoras" (pequeno comércio, artesanato), na fronteira móvel da pequeníssima burguesia. Traje imortalizado por uma imagem: carmanhola[81], calça listrada, boné vermelho, pique no punho e sabre do lado. Com ou sem bigode, o *sans-culotte* usa com todos um "você" fraternal e republicano. Suas melhores referências jornalísticas são sucessivamente Marat (*Ami du Peuple*) e Hébert (*Père Duchesne*). Seu sentimento dominante talvez seja o medo de falhar. Praticamente destituído de senso de humor, associa a uma soberba ignorância das realidades uma imensa credulidade política.

80. Os *enragés*: os ultra-revolucionários (1793-1799). (N.T.)

81. Espécie de casaco estreito, com gola caída sobre os ombros e várias fileiras de botões, muito usado na época da Revolução Francesa. (N.T.)

As seções já tinham criado em abril um comitê secreto. Em 26 de maio, Marat e Robespierre lançam aos jacobinos um apelo à insurreição. No dia 29, a Comuna organiza um comitê insurrecional que passa à ação dois dias depois. Um antigo funcionário das alfândegas, Hanriot, é colocado no comando da força armada parisiense. Os habitantes das seções que pegaram em armas recebem um soldo de 40 sous por dia.

Fracasso aparente em 31 de maio: a Convenção, invadida, resiste; só concorda com a supressão da Comissão dos Doze. Mas dessa vez, diferentemente do verão de 1792, a segunda tentativa é imediata. Em 2 de junho, Hanriot manda cercar a Assembléia com muitos milhares de homens e exige, com os canhões apontados, a prisão dos chefes da Gironde. O decreto é votado, transformando o golpe de força armada em golpe de Estado. Vinte e nove deputados e dois ministros figuram na lista; alguns são detidos, outros conseguem fugir; todos ou quase todos morrerão miseravelmente, a maior parte sobre o cadafalso.

A Gironde acabou. A Planície votará doravante, por mais de um ano, com os vencedores.

A Gironde morreu por causa de suas incoerências; por ter querido a guerra sem saber como conduzi-la; por ter combatido Luís XVI de todas as maneiras para hesitar em seguida em tentar salvá-lo; por ter agravado a crise econômica sem aceitar – por liberalismo – os meios para remediá-la; por ter finalmente, porém tarde demais, querido frear uma dinâmica revolucionária da qual ela fora durante muito tempo a aceleradora.

Capítulo VII

O governo do terror

A Convenção nacional fora eleita para redigir uma nova constituição. O processo de Luís XVI e os incontáveis debates que se sucederam retardaram os trabalhos do Comitê de constituição. Em junho de 1793, em parte para desarmar os "federalistas", os montanheses vão precipitar as coisas.

I – A constituição do ano I

1. **O debate constitucional** – No dia 19 de outubro de 1792, a Convenção convocou "todos os amigos da Liberdade e da Igualdade para lhe apresentarem, em uma língua qualquer, os planos, as visões e os meios que acreditam ser apropriados para dar uma boa constituição à França". Centenas de projetos – trezentos, dizem – foram enviados, alguns interessantes, outros tresloucados, um grande número muito dogmático; o todo tinha como fundo a nostalgia da cidade antiga, ao menos da maneira como era imaginada, e a exaltação da virtude cívica. A aspiração republicana e democrática é poderosa, embora ninguém cogite a democracia direta. A hostilidade suspeitosa a respeito dos governos é geral. Percebe-se o grande eco do Rousseau do *Contrato social*. Em compensação, o individualismo "proprietarista" de 1789 é menos contestado do que se imagina; vem matizado com uma preocupação crescente – em geral muito vaga – com a solidariedade, com um cuidado de que se vejam atenuadas as desigualdades de fato mais gritantes e até mesmo, aqui e ali, um toque socialista.

A primeira síntese é obra de Condorcet, pensador bastante característico das Luzes francesas, próximo do grupo girondino. No Comitê de constituição, designado em 11 de outubro de 1792 e dominado pelos girondinos, contou com a colaboração de seu amigo Thomas Paine. Em 15 de fevereiro de 1793, apresentou um extenso relatório – tão longo que o esgotado orador não conseguiu chegar ao fim e teve que ser substituído... – combinado com um projeto longuíssimo de 402 artigos. Na obra, o constitucionalismo dominante é exposto em sua lógica mais exigente: severamente antimonarquista, permanentemente hostil a qualquer disposição dos órgãos e funções que possam lembrar as visões de Montesquieu e a qualquer entrave à revisão constitucional (a possibilidade de revisão deve ficar muito aberta, inclusive à iniciativa popular). Na base, o sufrágio universal sem restrições, inclusive como um direito, e a elegibilidade mais extensa. No topo, um Corpo legislativo, assembléia única renovada pela metade todos os anos por sufrágio universal direto em dois turnos. Cada câmara é onipotente, mas apenas na medida da conformidade de seus atos com o desejo popular, pois o povo pode rediscutir leis votadas através de um incômodo referendo legislativo. O órgão governamental, o Conselho executivo da República, está enfraquecido; ele não terá chefe. Com razão, Condorcet teme que este último mantenha "algum simulacro das formas reais". Vai se tratar apenas de um conselho de "agentes" (e não de "representantes"), composto de sete ministros e um secretário "essencialmente subordinados aos depositários do poder legislativo" e limitados à estrita execução das leis, sem sequer ter certeza de conservar o monopólio dessa função e sem ter *a fortiori* qualquer participação no exercício da função legislativa. Condorcet não foi até o final de sua lógica. Ele admite que o "executivo", renovável anualmente pela metade, seja eleito pelo povo e não pela Assembléia. O Corpo legislativo não poderá derrubar ministros, somente colocá-los como acusados – notadamente por motivos penais – diante de um júri nacional eleito pelo povo. Os ministros, observa Condorcet, devem ser os "agentes" e não as "criaturas" do Corpo legislativo; na verdade, uma designação como esta está sujeita a fazer deles – é o que a Montanha denuncia – "representantes" superiores em relação aos deputados. Último aspecto: os girondinos, por evidentes razões políticas e em conformidade com a imagem que a posteridade conservou deles, tratam de reforçar os departamentos. A impressão que se tem é de que a escolha do modo de designação do "executivo" (apesar de sua fraqueza jurídica) e a valorização do quadro departamental responderam à mesma segunda intenção: favorecer a manutenção da Gironde no poder.

A discussão do projeto enredou-se em debates confusos, retardados pela obstrução montanhesa – Saint-Just denuncia a "realeza dos ministros" – e beirando por vezes um utopismo exagerado (intervenção do convencional de origem alemã Anacharsis Cloots). De imediato, a urgência e a desconfiança ideológica em relação ao "executivo" conduzem, para que ele possa ser vigiado, à instalação do Comitê de salvação pública (6 de abril). Esse colégio designado e renovado mensalmente vai se tornar a peça-mestra do governo revolucionário (ver adiante); porém, antes, já no dia seguinte à eliminação dos girondinos (2 de junho), ele precisa resolver a questão constitucional pendente há quase um ano. O desejo de uma ampla opinião pública adquire peso, havendo, pois, necessidade de se responder à contestação que cresce no país contra a tirania montanhesa.

2. **A constituição montanhesa** – Hérault de Séchelles, que já atuou no Comitê de constituição precedente, associa-se ao Comitê de salvação pública e é encarregado de redigir um projeto sem mais tardar. Sinal dos tempos, ele quer tomar conhecimento... das leis de Minos.[82] Ele é diligente, e seu trabalho fica pronto em 9 de junho. O Comitê de constituição dá imediatamente o aval. No dia seguinte, Hérault lê seu projeto na Convenção e justifica um pronto procedimento: "De todas as partes da República, uma voz imperiosa quer a constituição. Nunca antes uma necessidade maior do que esta chegou a atormentar um povo." Por outro lado, "a carta de uma República não pode ser longa" (Condorcet é o alvo) e não têm cabimento artifícios técnicos, uma vez que se quer "chegar ao resultado mais democrático". O resultado não é a verdadeira democracia; tende a ela pelo fato de o deputado decidir apenas provisoriamente sobre as leis, que em seguida serão submetidas à sanção do povo; afasta-se dela

82. Hérault, apesar de instruído, tomou o personagem por real e solicitou à Biblioteca Nacional um exemplar das leis de Minos, que deveriam estar numa coletânea das leis gregas. (N.T.)

pelo fato de o deputado continuar sendo parcialmente um "representante" para os decretos, excluídos do referendo. Como disse Hérault: "o Governo francês só é representativo daquilo que o povo não pode fazer por si mesmo". Quanto ao Conselho executivo, ele não terá "nenhum caráter de representação". A Montanha aplaude. "A simples leitura do projeto de constituição irá revigorar os amigos da pátria e assustar seus inimigos. A Europa inteira será forçada a admirar esse belo monumento erguido à razão humana e à soberania de um grande povo" (Robespierre). A questão é resolvida sem delongas. No dia 23 de junho, Hérault lê uma redação retocada da declaração dos direitos. Philippeaux[83] exclama: "Ao sufrágio, presidente, é uma obra-prima que não precisa passar por discussão". No dia seguinte, o conjunto do texto foi adotado sem ter ensejado debates sérios.

> A constituição do ano I comporta vários pontos comuns com o projeto de Condorcet. A declaração dos direitos reproduz textualmente um grande número de artigos do projeto girondino. A respeito de alguns pontos, ela se situa aquém do projeto de Robespierre, cuja tonalidade social era mais marcante e que, sem igualitarismo excessivo, relativizava o direito de propriedade. Ela reintroduz o "Ser Supremo" e o Direito natural – curiosamente abandonado pelos girondinos desejosos de acabar com as reivindicações anarquizantes – e afirma de modo mais sonoro o direito e mesmo o dever de insurreição que apavorara os girondinos antes de servir de pretexto para sua queda. Contudo, seria abusivo falar de ruptura em relação à declaração de 1789, da qual algumas fórmulas foram retomadas. Além da duplicação do número de artigos, há uma clara inflexão que se manifesta notadamente na afirmação do caráter de Direito natural da *igualdade*, que se torna o primeiro dos direitos. De resto, "os socorros públicos são uma dívida sagrada" (artigo 21) e "a sociedade deve [...] colocar a instrução ao alcance de todos os cidadãos" (artigo 22).
>
> A constituição conserva, no essencial, a lógica democrática do projeto de Condorcet: sufrágio universal direto, revisão

83. Pierre Philippeaux: (1756-1794): advogado e deputado na Convenção Nacional. Morreu guilhotinado. (N.T.)

fácil da constituição, referendo ab-rogatório de iniciativa popular para as leis (mas não para os decretos). A procedura referendária é, contudo, diferente: o Corpo legislativo, ao votar uma lei, não faz senão "propô-la". Ela só entrará em vigor se, passado um período de quarenta dias, na metade dos departamentos mais um, a décima parte das assembléias primárias não tiver pedido a convocação da assembléia do eleitorado com o propósito de decretar a lei (o período de tempo imposto é tão breve que essa procedura provavelmente permanece letra morta).

O texto do ano I rompe com o projeto anterior a respeito de um certo número de pontos: quadro eleitoral diferente; mandato legislativo de um ano; eleição por dois anos para o Corpo legislativo, conforme uma lista apresentada à razão de um candidato por departamento, de um Conselho executivo muito mais concorrido (24 membros) e ainda enfraquecido (ele também deve designar, para dirigir as administrações, "agentes-chefes da administração geral"). No princípio do texto, encontra-se a idéia cara a Robespierre e sobretudo a Saint-Just, segundo a qual um povo não tem outro inimigo senão seu governo (pelo menos, se este último não for jacobino...): "A lei deve proteger a liberdade pública e individual contra a opressão dos que governam" (artigo 9 da declaração dos direitos).

A diferença mais profunda entre as constituições girondina e montanhesa é de uma outra natureza. Mesmo de maneira inábil e pouco coerente, Condorcet queria elaborar uma constituição para ser posta em operação, por isso a excessiva minúcia de seu projeto. Inversamente, os montanheses conscientes parecem ter tido o cuidado, mais conjectural, de dar uma forma constitucional a um breve manifesto cujas fórmulas cinzeladas e marcantes favorecessem sua propaganda. Para eles, a questão certamente não era aplicá-la: pouco importavam, nessas condições, as lacunas técnicas que uma aplicação prática não teria deixado de revelar.

3. **Um plebiscito para nada** – A constituição de 24 de junho é submetida no mês seguinte a um referendo em condições duvidosas (pressões, votos presumidos unânimes por aclamações). Quatro ou cinco milhões de cidadãos se abstêm. O texto é apro-

vado por 1,8 milhão "sim" contra menos de 12 mil "não", mas a vontade formal do eleitorado não trará conseqüências.

No final da festa de 10 de agosto de 1793, a constituição é trancada em uma arca de madeira de cedro e depositada solenemente na sala de sessões da Convenção. Ela jamais será aplicada. O governo permanecerá provisório. "Nas circunstâncias em que se encontra a República", declarará Saint-Just em 10 de outubro, "a constituição não pode ser estabelecida; ela seria imolada por si mesma, tornar-se-ia a garantia dos atentados contra a liberdade porque a ela faltaria a violência necessária para reprimi-los."

Contudo, para a esquerda francesa, a constituição do ano I continuará sendo o grande modelo constitucional até ela aceitar – às custas de uma estranha palinódia – as instituições da 5ª República.[84] Da mesma maneira, ela terá marcado, ao menos formalmente, o constitucionalismo dos Estados socialistas.

II – Noventa e três: a revolução jacobina em perigo

A situação do verão de 1793 é dramática: crise econômica, perturbações sociais e políticas, guerra civil, derrotas repetidas nas fronteiras.

Um *assignat* de cem libras não vale mais do que 30 ou 40. Paris está rosnando. Os preços dos gêneros de primeira necessidade dispararam. Até mesmo a Comuna perece explodir. Os raivosos exigem cada vez mais um tabelamento geral e uma lei contra os especuladores. Em 25 de junho, Jacques Roux apresenta à Convenção uma petição ameaçadora que traduz o cunho social agudo que a Revolução passou a apresentar: "A Liberdade é apenas um vão simulacro quando uma classe de homens pode matar a outra de fome impunemente. A igualdade é apenas um vão simulacro quando o rico, pelo monopólio, exerce o direito de vida e morte sobre seu semelhante. A República é apenas um vão simulacro quando a

84. A 5ª República, aprovada em 1958, substituiu o governo parlamentarista por um sistema semipresidencialista. (N.T.)

contra-revolução se faz a cada dia através do preço dos gêneros, que três quartos dos cidadãos não conseguem pagar sem derramar lágrimas."

A agitação fomentada pelos ultra-revolucionários parisienses vai pesar sobre as decisões da Convenção em matéria não somente social, como também política: Danton não será reeleito para o Comitê de salvação pública (10 de julho) e Robespierre não tardará a entrar lá (27 de julho). Porém, há outras razões, mais determinantes, para tal mudança de quadro dirigente.

1. **A Vendéia** – Do lado da contra-revolução, a Montanha tem razão para temer a ação de redes realistas como a do barão de Batz, que vai manipular alguns montanheses inconscientes ou venais com o fito de deteriorar a Revolução empurrando-a para os piores excessos; contudo, é preciso reconhecer a parte de obsessão do complô e não exagerar a influência das redes. Em compensação, os descontentamentos camponeses se traduzem cada vez mais por uma atitude contra-revolucionária da qual tiram proveito os levantes realistas de Lozère (maio) ou de Ariège (final de agosto); e a Vendéia insurgida pode fazer vacilar a República.

O Oeste conheceu insurreições realistas desde o final de agosto de 1792, mas a revolta vendeana é de uma amplitude totalmente diferente. Os pequenos camponeses de Anjou e do Poitou exasperavam-se com os ataques desferidos à religião. Hostis à centralização, à burocracia, às cidades e à sua burguesia (grande beneficiária da venda dos bens nacionais), burguesia que se confundia em seus espíritos com a Revolução e suas violências, abalados pela morte do rei, os vendeanos insurgiram-se contra a convocação de 300 mil homens. Iniciado em Cholet no começo de março de 1793, o movimento, liderado dessa vez pelos miseráveis da terra, se estenderá pelos departamentos do Maine-et-Loire, de Deux-Sèvres, do Loire-Inferior e da Vendéia. Dirigidos inicialmente por plebeus modestos (Stofflet, Cathelineau), os camponeses, pouco depois, escolhem nobres para comandá-los (d'Elbée, La Rochejaquelein, Charette). A guerrilha torna-se guerra. O exército vendeano desarticula as tropas medíocres que foram enfrentá-lo, toma Saumur (9 de junho), ameaça Angers. O Comitê Danton reagiu com uma mistura de firmeza e indulgência que se revelou infrutífera.

2. **A revolta "federalista"** – Sempre partidário de uma certa conciliação, Danton demorou igualmente a esmagar as insurreições girondinas. Aniquilada em Paris, a Gironde se beneficia da hostilidade da província, mais moderada, em relação à capital, e dos particularismos que sobreviveram à obra unificadora da constituinte. A derrota dos girondinos em 2 de junho provocou em cerca de sessenta departamentos, na Bretanha, na Normandia, no Sudoeste, no vale do Ródano, movimentos mais ou menos espontâneos contra a ditadura parisiense. As administrações departamentais fizeram secessão. Em Caen, em Bordeaux, em Marselha, os jacobinos são perseguidos. No Sul, a insurreição se beneficia da hostilidade dos pequenos proprietários contra o Máximo.[85] Em Lyon, o montanhês Chalier foi executado (17 de julho), e o movimento se tinge de contra-revolução popular. Quatro dias antes, Marat foi assassinado em Paris por Charlotte Corday[86], que veio de Caen.

Distinta da insurreição "católica e real" da Vendéia (e de uma parte da Bretanha), a revolta girondina não é essencialmente contra-revolucionária; a propaganda jacobina insiste, pela técnica do amálgama, em demonstrar o contrário; tarefa facilitada pelas alianças locais concluídas pelos "federalistas" com elementos contra-revolucionários.

3. **A situação exterior** – Nas fronteiras e além delas, a Revolução experimenta derrota em cima de derrota. Os ingleses ocupam Toulon, sitiam Dunkerque. Os austríacos tomaram Va-

85. A Lei do Máximo instituía o máximo decrescente do preço dos grãos. (N.T.)

86. Charlotte Corday (1768-1793): assassina de Marat, um dos mais importantes defensores da política do Terror. Foi guilhotinada quatro dias depois do crime. (N.T.)

lenciennes e investiram contra Maubeuge. Os prussianos estão na Alsácia e os espanhóis atravessam os Pirineus, enquanto Paoli se aproveita da situação para relançar na Córsega o movimento de independência. No além-mar, as colônias foram perdidas o mais das vezes em proveito da Inglaterra, dona dos mares. Nas Antilhas, as hesitações sobre a abolição da escravidão – a qual será decretada em 4 de fevereiro de 1794 – foram fatais.

III – Noventa e Três: o reerguimento

A exclusão de Danton e a entrada de Robespierre no Comitê de salvação pública – com um programa de "energia nacional", de repressão exacerbada e de hostilidade aos ricos – marcam uma nova radicalização da Revolução. O "Grande Comitê", apoiado na aliança do "povo" (*sans-culotte*) e dos jacobinos, vai operar um reerguimento que estará consumado no final de 1793.

Maximilien Robespierre, nascido em 1758, tem 35 anos em 1793. Esse advogadozinho sério, aborrecido, desconfiado, um tanto frustrado, de alma doutrinária, deputado por Artois nos Estados Gerais, muitas vezes parecera ridículo aos colegas durante suas intervenções na constituinte. Porém, diferentemente da maior parte dos revolucionários, Robespierre quase não mudou: suas mudanças de opinião inserem-se numa perfeita lógica ideológica. "Incorruptível" no meio dos venais, ele se tornou, sob o olhar da história, o símbolo encarnado da Revolução jacobina.

1. **Os raivosos desarmados**? – Para os novos dirigentes jacobinos, a questão é conter a agitação social e jogar em cima dos ricos as conseqüências do princípio dominante – a igualdade, que se tornou o primeiro dos direitos do homem na nova Declaração –, mas sem arruinar a propriedade, apesar da definição restritiva que Robespierre lhe dá, a de uma instituição social determinada pela lei. A Convenção votara diversas medidas sociais, como a abolição sem indenização de todos os direitos feudais (17 de julho) que legalizava uma prática

existente. Depois da revolta parisiense de 4 e 5 de setembro, e sobretudo para tornar aplicável a convocação em massa (ver adiante), a Assembléia votou o Máximo nacional dos grãos, seguido, no dia 29, do Máximo geral dos alimentos e dos salários. Os montanheses converteram-se, definitivamente dessa vez, ao dirigismo econômico, mas a Convenção e os Comitês não parecem querer ir mais longe. Jacques Roux é preso. Encerram-se por um longo tempo as jornadas revolucionárias.

2. **A doutrina jacobina do poder** – "Os movimentos populares só são justos quando a tirania os torna necessários" (*Journal de la Montagne*). Essa frase esclarece perfeitamente a reflexão jacobina sobre a dialética da soberania e da representação política.

> À lógica de uma soberania do povo que vem de baixo e que – *via* mandato imperativo – desemboca na dispersão, opõem-se: 1) as necessidades da decisão que, por outro lado, vêm do alto e 2) a aspiração à unidade. Se o jacobinismo de oposição invocou a *vontade do povo* contra seus adversários no poder, o jacobinismo no poder tende a sobrepujar o conflito entre soberania e representação legitimando a *representação* soberana do povo pelo governo revolucionário (ver adiante). Essa identificação de governados e governantes supõe logicamente a negação de qualquer pluralismo, a exaltação do povo uno e virtuoso e a denúncia de qualquer desvio individualista, imputado à imoralidade dos interesses privados. A contestação, boa quando os jacobinos estavam na oposição, torna-se criminosa quando, grupo por excelência representante do povo, eles estão no poder. O Terror decorre desse raciocínio, assim como a teoria do governo revolucionário.

3. **O Terror na ordem do dia** – Em 5 de setembro, a Convenção colocou "na ordem do dia" o Terror reclamado pelos jacobinos há meses e decretou, sob pressão da insurreição, a criação, retardada até então, de um "exército revolucionário" do interior encarregado de facilitar a aplicação do Máximo, perseguindo os especuladores (exército que se entregará à bandidagem e a atrocidades julgadas inúteis, o que provoca-

rá sua dissolução). Em 17 de setembro, a Assembléia vota a "lei dos suspeitos".

> A lei de 17 de setembro ordena a prisão imediata dos indivíduos que não têm como justificar seus meios de subsistência e a aquisição de deveres cívicos, dos que tiveram recusado um "certificado de civismo" (liberado pelas municipalidades e seus comitês), dos "funcionários públicos" (agentes públicos em sentido amplo) não-reintegrados após suspensão, dos emigrados, dos ex-nobres parentes de emigrados "que não manifestaram constantemente seu apoio à Revolução" e, mais geralmente, "dos que, seja por suas condutas, seja por suas relações, seja por seus propósitos ou seus escritos, mostraram-se partidários da tirania e do federalismo e inimigos da Liberdade". A lei será interpretada de maneira extensiva. Para Saint-Just, trata-se de atingir "qualquer um que for passivo em relação à República e nada fizer por ela". Muitas centenas de milhares de suspeitos serão assim encarcerados ou sofrerão "designação de residência"[87] em um momento ou outro do Terror.
>
> A justiça revolucionária adquire novo ritmo. É o começo dos grandes processos diante do Tribunal revolucionário de Paris. Maria Antonieta é guilhotinada em 16 de outubro – novo desafio à Áustria e à Europa –, seguida dos girondinos (31 de outubro), de Felipe Égalité, Bailly, Barnave etc. O Terror é também aplicado na província pelos representantes em missão que abonam, na mesma ocasião, as vinganças locais de indivíduos ou de grupos antigamente excluídos. Os afogamentos de Carrier em Nantes, as metralhadas de Fouché e Collot d'Herbois em Lyon fazem milhares de vítimas. Lebon em Arras, Tallien em Bordeaux, Fréron e Barras na Provence, para não citar senão os mais célebres, caracterizam-se também por sua crueldade.

4. **O reerguimento militar** – Em 23 de agosto de 1793, a Convenção decretou o recrutamento em massa.

> Todos os franceses de dezoito a quarenta anos estão automaticamente requisitados: "Os jovens irão para o combate; os

---

87. *Assignation à résidence*: obrigação imposta a um estrangeiro de residir em um local determinado. (N.T.)

homens casados forjarão as armas e transportarão as subsistências; as mulheres farão as tendas, os uniformes, e servirão nos hospitais; as crianças cortarão tiras de pano velho; os velhos serão levados às praças públicas para exortar a coragem dos guerreiros, pregar a ira dos reis e a unidade da República".

O caráter heteróclito das tropas republicanas é corrigido pelo *amálgama*: cada semibrigada (regimento) é composta de três batalhões, um de velhos soldados e dois de voluntários e de convocados. O esforço de guerra – fabricação de armas, requisições variadas etc. – é sem precedente. Presume-se que o Máximo facilite. A forte demografia da França lhe permite formar nove exércitos – 750 mil homens – e lançar essas massas na ofensiva exageradamente definida por Carnot, "o organizador da vitória", no Comitê de salvação pública. Os generais vencidos, hesitantes ou incapazes serão freqüentemente destituídos, intimados a comparecer ao Tribunal e guilhotinados.

Os resultados não se fazem esperar. O "federalismo" desmorona: Marselha é retomada em 25 de agosto, Lyon tomba em 9 de outubro, Toulon em 19 de dezembro. Os vendeanos são derrotados em Cholet (17 de outubro), esmagados no Mans (12-13 de dezembro), aniquilados em Savenay (23 de dezembro). Nas fronteiras, as vitórias de Hondschoote (8 de setembro) e de Wattignies (15-16 de outubro) desbloqueiam Dunkerque e Maubeuge, enquanto a de Geisberg (24 de dezembro) libera a Alsácia. Sobre os Pireneus, os espanhóis são obrigados a recuar; nos Alpes, a Savóia é reconquistada em outubro.

IV – O governo revolucionário

Para obter esses resultados, tapar o vazio constitucional e completar sua obra de "regeneração completa", a República jacobina inventou uma fórmula nova: o "governo revolucionário". Reclamada desde 10 de agosto pela Comuna de Paris, a instalação desse governo foi efetuada de maneira progressiva, e as principais etapas foram: 1) a criação do Comitê de salvação pública (6 de abril de 1793); 2) o decreto de 10 de outubro proclamando o governo "revolucionário até a paz"; 3) a lei de 14 frimário[88] ano II (4 de dezembro de 1793), que organizou esse governo em seus mínimos detalhes.

1. **O esquema institucional** – A Convenção é "o centro único de dinamismo do governo" (lei de 14 frimário). Esse regime de assembléia reconhece a ditadura dos Comitês ditos por vezes "de governo", eleitos pela Convenção em seu seio: primeiro o *Comitê de salvação pública*, cujo domínio de ação não pára de aumentar, e em seguida o *Comitê de segurança geral*, encarregado de "velar pela segurança do Estado", o que faz dele o grande artesão do Terror sob suas duas formas complementares – polícia política e justiça revolucionária. A renovação mensal desses dois órgãos torna-se uma simples formalidade no outono de 1793. Por serem emanações da Assembléia, os Comitês a dominam. O Comitê de salvação pública encontra-se, pois, colocado no vértice do Estado.

> O "Grande Comitê de salvação pública" é composto de doze montanheses: Robespierre, Saint-Just e Couthon, que formam um trio de ideólogos, Barère, que se encarrega da diplomacia, Carnot (exércitos), Prieur de la Côte-d'Or (armamentos), Robert Lindet (abastecimento), Jeanbon Saint-André (marinha), Prieur de la Marne, aos quais se vêm juntar em setembro os extremistas Billaud-Varenne e Collot d'Herbois (o afastamento e depois a condenação de Hérault de Séchelles reduzirão o efetivo para onze). Apesar da declarada desconfiança em relação à administração, os membros do Comitê têm de repartir entre si os setores de ação. Os ministros lhes são diretamente subordinados (antes de serem substituídos, no dia 1º de abril de 1794, por doze comissões executivas).

Um dos traços mais típicos desse novo governo é o surgimento de uma esfera de ação propriamente revolucioná-

---

88. Frimário: terceiro mês do calendário republicano (de 21 de novembro a 21 de dezembro). (N.T.)

ria à qual corresponde uma cadeia de execução distinta. Para a aplicação das leis ordinárias, conserva-se, *grosso modo*, o esquema existente: ministros (depois comissões executivas), departamentos – como estes últimos são suspeitos de "federalismo", sua composição e suas atribuições são reduzidas ao mínimo –, distritos, comunas. Para aplicar as leis de exceção ditas "leis revolucionárias" (lei dos suspeitos, lei do Máximo, etc.), assim como as decisões dos Comitês e outras medidas de salvação pública e de segurança geral, a centralização aumenta: a autoridade é exercida diretamente sobre distritos e comunas, providos uns e outros de um "agente nacional", representante direto do governo. Integram-se à grade outros órgãos puramente revolucionários, como os representantes em missão ou os comitês de vigilância.

> Julgada corruptora em decorrência de uma espécie de descontrole inevitável, a administração deve ser depurada permanentemente. O princípio eletivo adotado em 1789 para a designação de numerosos agentes públicos cede assim diante da nomeação pura e simples – após destituição – segundo critérios políticos. A depuração é uma das tarefas dos representantes do povo em missão. Subordinados à Convenção que os designa, os deputados enviados aos departamentos ou aos exércitos devem corresponder-se a cada dez dias com o Comitê de salvação pública. Os atos desses legisladores têm valor de leis revolucionárias provisórias, mas o Comitê acabará obtendo o poder de suspender suas decisões. Os clubes e sociedades populares assistem os representantes em missão, denunciando as administrações suspeitas e propondo substitutos mais confiáveis.
>
> Institucionalizados e generalizados a partir de 21 de março de 1793, os comitês de vigilância, bem depressa chamados de "comitês revolucionários", são encarregados da polícia política em cada comuna e em cada seção de Paris. Esses órgãos locais do Terror, sujeitos ao Comitê de segurança geral, são dotados de atribuições cada vez mais amplas (concessão de certificados de civismo, controle dos estrangeiros, detenções). Eles não se contentam em perseguir os suspeitos, entregues em seguida a jurisdições que julgam "revoluciona-

riamente" (ou seja, segundo uma procedura acelerada e sumária): em muitas comunas, eles tratam de tudo – aplicação do Máximo, descristianização – e assim se tornam, tanto nas comunas locais quanto na escala de distrito, instituições "administrativas" essenciais.

2. **A centralização jacobina** – Assim como os girondinos não erigiram seu "federalismo" como doutrina, os jacobinos não construíram uma teoria com sua centralização. Hostis à administração, pensando em políticas, preocupados antes de mais nada em concluir a Revolução – completamente diferente dos grupos anteriores – e em "fundar a República", eles foram centralizadores por necessidade. Um dos efeitos paradoxais da centralização excessiva será a inflação burocrática, que eles temiam acima de tudo: o número de empregados nas administrações centrais aumenta pelo menos 800% em relação a 1789.

3. **A teoria do governo revolucionário** – A doutrina jacobina existe de fato: é um republicanismo ardente que, sem romper totalmente com o pensamento dominante de 1789, insiste na plena realização do homem em uma cidadania exigente e global que procura restabelecer os elos com os modelos idealizados da Antigüidade. Tal doutrina freqüentemente acompanha o acontecimento, por vezes o justifica em seguida, sem nada perder de sua lógica. A teoria do governo revolucionário, por sua vez, torna-se clara durante o inverno de 1793-1794: ela é desenvolvida especialmente por Saint-Just em seu relatório de 10 de outubro de 1793 e por Robespierre em dois relatórios de 5 nivoso[89] (25 de dezembro de 1793) e 17 pluvioso[90] ano II (5 de fevereiro de 1794).

A ordem revolucionária opõe-se à ordem constitucional. "Sob o regime constitucional", declara Robespierre, "pra-

89. Nivoso: quarto mês do calendário republicano (de 22 de dezembro a 21 de janeiro). (N.T.)
90. Pluvioso: quinto mês do calendário republicano (de 20 ou 21 de janeiro a 18 ou 19 de fevereiro). (N.T.)

ticamente só é preciso proteger os indivíduos do abuso do poder público; sob o regime revolucionário, o próprio poder público é obrigado a se defender de todas as facções que o atacam. O governo revolucionário deve aos bons cidadãos toda a proteção nacional; aos inimigos do povo não deve senão a morte." Esse governo "apóia-se na mais santa de todas as leis: a salvação do povo" ou salvação pública. O "povo" não é mais a universalidade dos cidadãos (definição jurídica da constituição do ano I); ele é – politicamente – a parte "virtuosa" da população, aquela que, composta dos "bons cidadãos" e somente deles, pratica o "amor pela pátria e suas leis", amor que inclui a igualdade e supõe "a força da alma", continuando a Revolução. Dele estão excluídos todos os que, por sua ação ou sua passividade, por seu passado político, até mesmo por sua situação social, têm a ver com os "vícios" do Antigo Regime e de "antes de 10 de agosto". "Na República, cidadãos são apenas os republicanos." Os demais, inimigos do povo, devem ser erradicados para a salvação do povo. O meio é o Terror. E Robespierre completa Montesquieu de maneira original (ao mesmo tempo parafraseando Pascal...): "Se a força do governo popular na paz é a virtude, a força do governo popular em revolução é simultaneamente a virtude e o terror: a virtude sem a qual o terror é funesto; o terror sem o qual a virtude é impotente".

4. **O Terror em questão** – Embora sua aceitação pela mentalidade revolucionária de 1793 suponha sem dúvida uma sensibilidade diferente da sensibilidade de nossos contemporâneos, o Terror não é a resposta tardia e negativa a uma suposta "violência do Estado" do Antigo Regime. Ele tem uma função positiva dentro do sistema jacobino: a de – para em seguida poder assentar a República – constituir, antes de qualquer outra coisa, o "povo"; a regeneração completa do povo passa por sua eliminação física.

As soluções brandas, como a autocrítica, são afastadas; é preciso reduzir a população às dimensões do "povo", cortando todos os galhos podres ou suspeitos. Em que proporção? Não fica claro. O convencional Guffroy será excluído dos jacobinos e deverá se demitir do Comitê de segurança geral após ter escrito: "Que a guilhotina esteja presente permanentemente em toda a República; a França já tem cinco milhões de habitantes". Em compensação – mas é possível se chegar a uma conclusão precisa? –, Jeanbon Saint-André, membro do Comitê de salvação pública, não terá problemas por falar em reduzir a população pela metade.

Ao contrário de uma análise estreitamente conjuntural, o Terror é em grande parte independente dos perigos militares. Aliás, ele se desencadeia *depois* do reerguimento em todos os fronts, tanto no interior quanto nas fronteiras. O exemplo mais típico é o do massacre vendeano.

5. **O exemplo vendeano** – Em 1º de agosto de 1793 – medida endurecida em 1º de outubro –, a Convenção ordenou a destruição da Vendéia. O "exército católico e real" é aniquilado em 23 de dezembro.

"Não há mais Vendéia, cidadãos republicanos. Ela morreu sob nosso sabre livre, com suas mulheres e seus filhos. Acabo de enterrá-la nos brejos e nas florestas de Savenay. Seguindo as ordens que vocês me deram, esmaguei as crianças sob os pés dos cavalos, massacrei mulheres que, ao menos essas, não engendrarão mais bandidos. Não tenho nenhum prisioneiro a lamentar. Exterminei tudo" (carta do general Westermann ao Comitê de salvação pública). Mas foi somente na segunda quinzena de janeiro de 1794 que as "colunas infernais" de Turreau – em concordância com o governo – começam a vasculhar a área, queimando vilarejos e colheitas e exterminando as populações civis.
Apesar de seus particularismos, os vendeanos não constituem uma população específica. Mesmo assim, a ideologia jacobina, rejeitando-os do seio do povo, os considera e os constitui como tal, o que incitou alguns autores a falar de "genocídio". Essa "raça de bandidos" é inassimilável; estrangeira ao povo, é sua inimiga; deve, pois, ser destruída até em sua capacidade de reprodução. As crianças não são poupadas; as mulheres (grávidas ou não) são visadas por serem "solos reprodutores".

Temendo deixar escapar alguns brancos[91], os azuis[92] locais acabaram sendo eles mesmos freqüentemente massacrados. Ao todo, talvez 18% do habitat destruído e 250 mil mortos (segundo J.-C. Martin), ou seja, 30% da população das regiões insurgidas.

V – A virtude impotente?

No momento em que se delineia a vitória, a Montanha ilustra mais uma vez a melancólica mecânica de uma Revolução que devora seus próprios filhos. Suspeita, conflitos de personalidades e conflitos de programas misturam-se entre si; as tendências, atenuadas durante meses pela luta comum contra a Gironde, vão se contrapor à luz do dia.

Os raivosos, muito isolados apesar da antiga influência nas seções de Paris, foram os primeiros a ser esmagados. Robespierre denunciou Jacques Roux como agente do estrangeiro, "assalariado pelos inimigos do povo". Hébert e a Comuna, sentindo o vento virar, fizeram dos raivosos os responsáveis pela escassez de alimentos... Roux acaba suicidando-se na prisão (10 de fevereiro de 1794). Entretanto, como as aspirações dos *sans-culottes* a uma igualdade de fortuna não desapareceram, como as más colheitas e as requisições para o exército agravam ainda mais os problemas de abastecimento, Hébert e os exagerados[93], não sem cinismo, voltam à cena.

1. **A descristianização** – Em 5 de outubro de 1793, a Convenção adotou o "calendário republicano" elaborado por Romme e Fabre d'Eglantine. Tratou-se de medida altamente simbólica, confirmando as decisões tomadas um ano antes e fazendo a história da França – e a do mundo – recomeçar em 22 de setembro de 1792, primeiro dia da era republicana; medida anti-religiosa também ao moldar os novos tempos contra o tempo cristão ritmado pelo calendário gregoriano.

---

91. Como eram chamados os realistas, partidários da realeza. (N.T.)
92. Como eram chamados os republicanos. (N.T.)
93. Os hebertistas às vezes eram chamados de exagerados. (N.T.)

Filha da constituição civil do clero de 1790, a descristianização, iniciada em 1792, adquire um novo andamento. Ela provoca estragos sobretudo nas cidades, mas não poupa os campos. Atacam-se padres, até mesmo padres juradores, igrejas, objetos de culto, cemitérios. O vandalismo anticristão desencadeia-se um pouco em toda parte, freqüentemente sob a direção dos representantes em missão, com seu cortejo de sacrilégios, ao mesmo tempo em que o clero não-emigrado – 30 mil eclesiásticos, pelo menos, fugiram – fornece ao Terror um lote apreciável de vítimas, deportadas ou condenadas à morte. Na capital, Chaumette, procurador da Comuna, toma a frente do movimento. A Igreja constitucional, laboriosamente organizada em 1791, desmorona. O bispo de Paris e numerosos padres abdicam de suas funções. Depois da festa da Liberdade e da Razão, celebrada no dia 10 de novembro na Notre-Dame (templo da Razão), a Comuna ordena o fechamento das igrejas (23 de novembro).

A descristianização provoca a ruptura entre os hebertistas (no sentido amplo), que querem acelerar o movimento, e a maioria da Convenção. O agnóstico Danton e seus amigos apóiam Robespierre, cuja religiosidade é bastante conhecida em sua denúncia das "mascaradas anti-religiosas". Em 8 de dezembro, a Assembléia apela em vão para o princípio da liberdade dos cultos: contida em Paris, a onda descristianizadora varrerá a França durante meses.

2. **A eliminação dos exagerados e dos indulgentes**[94] – Os "dantonistas" julgam ter chegado o momento de afrouxar as tenazes do Terror. As razões para essa reviravolta são múltiplas: cansaço; temor de ver as intrigas ou malversações exibidas à luz do dia e chegar a própria vez de subir ao cadafalso; talvez, para alguns, vontade de transformar o regime. *Le Vieux Cordelier*, o novo jornal de Camille Desmoulins, apregoa a clemência. Diante da facção ultra-revolucionária, formou-se a dos indulgentes. Robespierre e seus colegas vão

94. Indulgentes: nome dado aos antigos membros do Clube dos Cordeliers, que desejavam a supressão do Terror. (N.T.)

denunciar seu conluio objetivo – e "contra-revolucionário" –, e os Comitês vão eliminá-las, uma em seguida da outra.

> Denunciados aos Comitês no outono de 1793 por dois deputados montanheses (Fabre d'Eglantine e Chabot), os hebertistas são suspeitos de estar envolvidos em uma vasta "conspiração do estrangeiro", destinada, por demagogia, ofertas vãs e diversos ilícitos, a levar a Revolução à ruína. Temendo desacreditar a Montanha, os Comitês hesitam em atingir Hébert, substituto do agente nacional da Comuna, mas o pretexto é fornecido por um imprudente projeto de insurreição contra os "adormentadores"[95] da Convenção. Hébert é preso, assim como seus presumidos cúmplices: Ronsin, Vincent, Momoro etc. O processo deles é realizado às pressas. Amalgamados aos "agentes do estrangeiro" (Proli, Cloots), sobem ao cadafalso em 24 de março. A honra da Montanha está salva: não se fez menção a possíveis ligações de Hébert com o barão de Batz e sua rede realista.

O partido *sans-culotte* encontra-se sem recursos. Por isso, Saint-Just faz a Convenção votar os famosos "decretos de ventoso"[96] (26 de fevereiro - 3 de março), que anunciam uma redistribuição maciça aos patriotas dos bens confiscados dos inimigos da República. "Os infelizes são as potências da terra", exclama Saint-Just, "eles têm direito de falar como chefes aos governos que os negligenciam." Nova radicalização social? Conversão aos temas igualitaristas dos raivosos e dos exagerados? Simples medida tática? As leis de ventoso não conhecerão senão um tímido começo de execução, mas têm como efeito reforçar ainda mais a ditadura jacobina contra o inimigo interno.

> A derrota dos indulgentes, retardada pelo projeto hebertista de insurreição, tinha sido decidida anteriormente. Seus ataques à Convenção e contra os Comitês, assim como a

95. Os que ficavam falando de "justiça" ou de "moderação" numa hora revolucionária. (N.T.)
96. Ventoso: sexto mês do calendário republicano (de 19 de fevereiro a 20 de março). (N.T.)

campanha de Desmoulins pela clemência, teriam bastado para provocar sua queda; esta foi acelerada pela descoberta de uma suposta participação do deputado-poeta-agiota Fabre d'Eglantine, amigo de Danton, no caso de corrupção dito "da Companhia das Índias", ligado a uma "conspiração do estrangeiro", desde então içado à categoria de mito. Danton e seus amigos, dentre os quais Desmoulins, além de vários autênticos "corrompidos" – amálgama e falsificação feitos com tanto cuidado quanto no processo dos hebertistas –, são condenados à morte e executados (5 de abril).

3. **A "Revolução congelada"** – As conseqüências dessa dupla depuração são consideráveis. Os *sans-culottes* estão desnorteados, desanimados. Depois dos "aristocratas" e dos "federalistas", agora estão sendo guilhotinados grandes revolucionários, anteriormente adulados. "A Revolução está congelada" (Saint-Just). Robespierre desponta então como o dono da França. Seu prestígio, tanto entre os jacobinos quanto na Convenção, assegura-lhe uma espécie de preeminência sobre os colegas; desde a eliminação dos hebertistas, a Comuna de Paris povoou-se de agentes que lhe são devotados; porém, não há certeza de que tenha aspirado à própria ditadura (depois que ele caiu, a Convenção confortavelmente lhe jogou em cima todos os pecados do Terror). Na verdade, o Comitê de salvação pública continua sendo uma instituição colegiada; e, de mais a mais, não é o único órgão de decisão do governo.

Hostil ao ateísmo – que ele considera um perigo social, moral e político –, e na linha (deformada) de Rousseau, Robespierre impõe à Convenção o reconhecimento do *Ser Supremo* e da imortalidade da alma. Um ano mais tarde, preside a festa do *Ser Supremo* (20 prairial[97], 8 de junho de 1794), uma mascarada surrealista que lhe custará caro, organizada pelo pintor David. O Terror, como sempre, se faz acompanhar da Virtude: entre outras disposições, a terrível lei de 22 prairial ano II (10 de junho) amplia ainda mais a noção de suspeito, reduz à sua

97. Prairial: nono mês do calendário republicano (de 20 ou 21 de maio a 18 ou 19 de junho). (N.T.)

mais simples expressão a procedura diante do Tribunal revolucionário, autoriza condenações com base em provas morais e suprime as penas que não sejam a morte. Ela inaugura o que se chama impropriamente de "Grande Terror".

> O Grande Terror começou mais cedo na província. A lei se contenta em racionalizar e centralizar um pouco mais o Terror. Em Paris, é a época das "fornadas" indiferenciadas de condenados. A técnica do amálgama, já empregada contra girondinos, hebertistas e dantonistas, é utilizada até o *nonsense*. Antes da lei dos suspeitos, o Tribunal revolucionário pronunciava a pena de morte 11 vezes por mês em média (24% das sentenças). Passou-se para 134 execuções mensais (58%) entre a lei dos suspeitos e a lei de prairial e para 878 (79%) entre prairial e termidor.

No final do Terror, o número de guilhotinamentos vai aumentar 50% a cada mês (38 cabeças por dia na véspera de 9 termidor). A repugnância pela guilhotina começa a tomar conta de parte do público patriota, mas os Comitês não parecem nem um pouco dispostos a mandar parar o Terror.

Mais do que nunca, o Terror revela-se independente dos riscos incorridos pela Revolução. A Vendéia morreu. Os exércitos republicanos passaram à ofensiva; a vitória de Jourdan em floreal[98] (26 de junho) reabriu-lhes a Bélgica. Por outro lado, a situação econômica continua ruim. A supressão dos direitos senhoriais e feudais não compensou o peso das requisições. Popular em seu princípio, o Máximo permitiu alimentar as cidades razoavelmente, mas revelou-se catastrófico para os campos; engendrou a penúria e a explosão dos preços no mercado paralelo; já o Máximo dos salários, adotado com atraso, tornou-se imediatamente impopular. Inversamente, o relativo relaxamento do dirigismo econômico, no final do inverno, desagradou bastante aos parisienses... Nesse domínio, como na política, a revolução jacobina parece estar em um impasse.

98. Floreal: oitavo mês do calendário republicano (de 20 de abril a 19 de maio). (N.T.)

Capítulo VIII

Terminar a revolução

Segundo a lógica mais intransigente do jacobinismo, o ideal seria que o Terror prosseguisse até a eliminação de todos os "inimigos do povo", prelúdio da verdadeira fundação da República. Contudo, as engrenagens governamentais já emperram, a opinião pública começa a se manifestar, cada vez mais sensível à inutilidade dos guilhotinamentos cegos. Bem depressa será necessário voltar, de uma maneira diferente, ao programa anteriormente impossível de Mirabeau, depois de Barnave, depois dos girondinos: terminar a Revolução. Cinco anos e meio serão necessários. Como pressentira Robespierre, o sabre de um militar será o derradeiro recurso.

I – Termidor

A queda de Robespierre é um acontecimento de rara complexidade, cujas conseqüências são erroneamente simplificadas.

1. **O governo revolucionário desunido** – Nos Comitês, cujos membros vivem com os nervos à flor da pele, os ódios exacerbam-se. O Comitê de segurança geral, dirigido por Vadier, Amar e Voulland, não gostou nem um pouco de ver criado, no Comitê de salvação pública, um departamento de polícia que avança sobre suas atribuições. Mesmo no Comitê de salvação pública, a unidade de ação nada mais é do que uma fachada; Carnot, por exemplo, opõe-se a Saint-Just sobre as questões militares; Billaud-Varenne e Collot, terroristas mais ferrenhos do que seus colegas e mais próximos do Comitê de segurança geral, acusam Robespierre de aspirar a uma ditadura pessoal. A Convenção agita-se em surdina. Os

representantes em missão mais corrompidos ou sanguinários – Barras, Fréron, Tallien, Fouché – são chamados a Paris; temem ser eliminados por sua vez. Já os deputados da Planície, paralisados pelo medo, sonham, muitos deles, com o término do Terror; Cambon, que domina o Comitê de finanças, preocupa-se também com a usurpação, pelo Comitê de salvação pública, de suas atribuições.

2. **O 9 termidor** – Para derrubar o incorruptível, é preciso obter uma maioria na Convenção. Tal maioria, que se revelará esmagadora, não poderia resultar senão da adição, ao complô de Termidor, de interesses contraditórios: ela reunirá, por um lado, corrompidos, a maioria terroristas e ateus – categorias que se sobrepõem em parte; por outro, os restos das facções girondina e dantonista e os moderados da Planície aos quais os primeiros decerto fizeram promessas que não tinham intenção de cumprir.

Cada vez mais sozinho no Comitê de salvação pública – o excesso de trabalho e o cansaço obrigam-no a se afastar por várias semanas –, Robespierre mergulha em seu isolamento, melindrado. Ele foi ridicularizado, e com ele o culto do *Ser Supremo*, por Vadier e o Comitê de segurança geral, que alimentaram o caso Catherine Théot (uma iluminada que pretendia ser a mãe de Deus e anunciava a vinda de um "messias" que podia ser facilmente confundido com Robespierre).

Em 8 termidor (26 de julho de 1794), na tribuna da Convenção, Robespierre responde aos ataques de que é objeto denunciando a opressão da Assembléia pelos Comitês, exigindo que eles sejam depurados e que se proceda à expulsão de um certo número de escroques. O incorruptível talvez não tenha sido suficientemente preciso em suas acusações; qualquer um pode sentir-se visado. No dia seguinte, Tallien ousa cortar a palavra a Saint-Just e acusar violentamente o "tirano" (ou seja, Robespierre). Numa desordem indescritível, a Convenção decreta a prisão de Hanriot, comandante da guarda nacional, do presidente do Tribunal revolucionário, de Robespierre, de Saint-Just, de Couthon. Não sem uma sombria grandeza, o irmão de Robespierre e Lebas[99] conseguem que seus nomes figurem na lista. A Comuna de Paris comete a imprudência de se insurgir e libertar os deputados detidos, razão pela qual Robespierre e seus partidários são declarados fora-da-lei, o que permitirá executá-los sem julgamento.

Uma "jornada revolucionária" teria podido salvar Robespierre *in extremis* diante das tropas fiéis à Convenção comandadas por Barras e Merlin de Thionville? O sans-culottismo parisiense, numericamente enfraquecido por sua integração parcial à burocracia policial e ao recrutamento em massa, por outro lado, perdeu a vitalidade. Na primavera de 1794, os Comitês liquidaram três quartos das sociedades populares. Em 9 termidor, as seções de Paris não estão coesas. Os insurgidos, privados de um chefe eficaz e de uma verdadeira vontade política, abalados também com o estado de fora-da-lei que acaba de ser decretado pela representação nacional, acabam dispersando-se. Em 10 termidor, sobre o cadafalso, Robespierre e seus amigos, seguidos no dia seguinte pelos aliados da Comuna, pagam com atraso o esmagamento do movimento *sans-culotte*.

II – Reação e compromisso

O 9 termidor poderia ter desembocado em um novo agravamento do Terror. Porém, pela primeira vez há muito tempo, é a opinião pública que fala mais alto. A eliminação de Robespierre e seus próximos é saudada por uma explosão de alegria que obriga os terroristas a dar satisfação aos moderados, fazendo cessar o Terror. Os termidoristas buscarão em seguida um compromisso político e social que, sem negar os princípios da Revolução, renuncie à criação de um homem novo e evite o retorno dos excessos do ano II. A palavra de ordem é: "A Revolução está feita", mas a Revolução ainda não está "acabada", por diversas razões dentre as quais a ameaça de uma contra-revolução.

99. Philippe-François-Joseph Le Bas (1762-1794): revolucionário francês, fiel até o fim a Robespierre, suicidou-se com um tiro de pistola. (N.T.)

1. **A “reação” termidoriana** – A reorganização do governo traz de volta o regime de assembléia e um colegiado ampliado, restringindo consideravelmente o papel do Comitê de salvação pública, doravante renovado a cada mês e povoado de revolucionários mais moderados. Os representantes em missão – ironia da história – serão utilizados ainda, durante alguns meses, para impor uma política antiterrorista. Contudo, a palavra “reação”, que servia normalmente para qualificar essa época de transição, deve ser utilizada com prudência.

A lei de prairial é revogada – mas a lei dos suspeitos permanece em vigor – e a justiça revolucionária é posta em estado de semi-sono, enquanto se entreabrem as portas das prisões. Terroristas como Fouquier-Tinville, Carrier e Lebon serão guilhotinados; outros, como Tallien, igualmente notórios, porém mais hábeis, estão no campo da “reação”. O clube dos jacobinos é fechado em novembro. A caça ao terrorismo, garantida em Paris pelos “*muscadins*”[100] da “*jeunesse dorée*” sob a direção do antigo terrorista Fréron, alia a brutalidade e o burlesco. Na província, sobretudo no Sul, os massacres fazem com que se fale de um “Terror branco”.

A reação política vem acompanhada de uma nova política religiosa. Depois de suprimir o orçamento do culto (18 de setembro de 1794), a Convenção decreta, simultaneamente à liberdade religiosa, a separação da Igreja e do Estado (3 ventoso ano III, 21 de fevereiro de 1795), o que torna particularmente delicada a posição dos padres juradores e confirma o abandono pela Revolução de sua Igreja constitucional, já vítima da recente descristianização. Hoche aproveita para negociar com os insurgidos do Oeste que, por desespero, novamente pegaram em armas depois da passagem das colunas infernais.

Por fim vem a reação econômica, com a restituição à iniciativa privada de manufaturas de guerra, liberdade de importações e abolição do Máximo em 4 nivoso ano III (24 de dezembro de 1794). O fim do Terror econômico confirma a derrocada do *assignat*. A explosão dos preços, que castiga principalmente os assalariados e os desempregados, e a recusa do *assignat*

100. *Muscadin*: sob a Revolução, nome dado aos realistas que se distinguiam por sua elegância elaborada. (N.T.)

pelos camponeses fazem a miséria aumentar. Esta, agravada pela má colheita de 1794 e por um dos invernos mais rigorosos do século, provoca uma expansão da mortalidade. Em compensação, os aproveitadores da Revolução, em especial os fornecedores do exército, passam a exibir afrontosamente seu luxo. É a época dos "*incroyables*" e das "*merveilleuses*"[101], dos costumes dissolutos depois dos longos meses de virtude imposta.

Os *faubourgs* parisienses agitam-se de novo. A jornada revolucionária de 12 germinal ano III (1º de abril de 1795) é essencialmente filha da miséria, mas a Convenção aproveita para completar a depuração (deportação sem julgamento de antigos terroristas como Billaud-Varenne, Collot d'Herbois, Barère, Vadier) e começar a desarmar as seções. A última "jornada" exercida contra a Convenção, a de 1º prairial (20 de maio), melhor organizada, será reprimida com mais vigor ainda. O movimento *sans-culotte* morreu. Os *faubourgs* não despertarão senão em julho de 1830.

2. **A constituição de 5 frutidor ano III** – Ainda menos do que Robespierre e Saint-Just, os termidorianos não tinham a intenção de aplicar a constituição do ano I. Após inúmeras tergiversações, decidem fabricar uma que acreditam ser sob medida e que tende a evitar o duplo perigo de uma democracia radical e uma ditadura, igualmente ameaçadoras para as conquistas da Revolução, às quais eles se mostram especialmente devotados, uma vez que se beneficiam delas.

Em 14 germinal ano III (3 de abril de 1795), uma comissão de coloração moderada é nomeada com o objetivo de elaborar leis orgânicas que temperem e completem o texto do ano I e, depois, no final de tudo, redigir um novo projeto de constituição. Boissy d'Anglas, seu relator, pende para a

101. Os *incroyables* [inacreditáveis] eram jovens que, na época do Diretório, vestiam-se e falavam de maneira extravagante. As *merveilleuses* [maravilhosas] eram mulheres elegantes e excêntricas da mesma época. (N.T.)

direita, mas Daunou, que desempenha entre os comissários um papel determinante, tem convicções de continuidade inteiramente diferentes. Os debates ricos e pacíficos do mês de agosto resolvem a maior parte das questões no sentido de um conservadorismo burguês-revolucionário.

Uma declaração de direitos e deveres do homem e do cidadão precede a constituição. Ela traz à luz o lado desiludido da nova filosofia política no poder. Como diz Boissy, baniram-se dela os "axiomas anárquicos". Tem-se a impressão de passar de uma cidadania fiadora do homem em 1789 para a cidadania de realização do homem em 1793. O clima é totalmente outro em 1795: a cidadania, recusada a muitos, tornou-se recalque do lado perigoso do homem e missão atribuída a seus titulares, missão de contribuir para a ordem social. Alguns teriam desejado investir em um texto próprio, por sua natureza, para inflamar as populações. O acordo foi feito com base em uma declaração tíbia e desprovida de movimento. A inflexão é clara em relação aos textos precedentes. Ao otimismo, as atrocidades do Terror fizeram suceder um pessimismo profundo sobre a natureza humana, que imprimirá sua marca na década seguinte e contribuirá para o sucesso de Napoleão: não se trata mais de direitos naturais, mas de "direitos do homem em sociedade". Várias disposições de 1789, ou mesmo de 1793, são mais ou menos reproduzidas, mas há omissões e atenuações significativas, que dizem respeito, por exemplo, à igualdade, entendida de maneira estritamente jurídica, e exaltações reveladoras a despeito de sua frieza, como à propriedade. Dessa vez, sobretudo, ao contrário do que havia sido decidido em 1789, os *deveres* são ratificados sob a forma de um catecismo banal e sem calor. A ordem deve reinar, as paixões devem ser reprimidas, e deve cessar a esperança de uma sorte melhor. A comparação com a declaração de 1789 é edificante: a felicidade, o direito à instrução e aos auxílios, o direito à insurreição desapareceram. As liberdades de pensamento e de comunicação não serão sancionadas senão na constituição.

A extensão da constituição (377 artigos contra 124 em 1793) e sua complexidade estão à altura da prudência de seus autores. Eles não hesitam em completar as disposições principais – a "divisão de poderes" (artigo 22 da Declaração) – com uma série de precauções pontuais, sendo que muitas delas carregam, sem fecundidade intelectual, a marca das experiências precedentes. O texto caracteriza-se por dois traços principais: por um lado, o retorno ao regime representativo puro, sob a reserva do referendo constituinte, com restrição do sufrágio; por outro lado, a multiplicação dos órgãos de poder do Estado, dotados de uma forte independência e fraca distribuição de funções. O conjunto exclui a manifestação de qualquer dinamismo político.

Para ser cidadão, entre outras condições, é preciso fazer uma contribuição direta: é nessa enganosa "universalidade de cidadãos franceses" e não no conjunto do povo que reside a soberania. Os cidadãos – talvez cinco milhões (um pouco mais do que o número de cidadãos "ativos" em 1791) de um total de cerca de sete milhões de franceses do sexo masculino com a idade requerida – são eleitores de primeiro grau dentro das assembléias primárias, das quais uma das vocações é designar os eleitores de segundo grau, menos numerosos do que em 1791 (um em duzentos), mas elegíveis segundo exigências próximas, notadamente censitárias, e não reelegíveis de imediato. A eleição à deputação não é submetida a nenhuma condição de censo.

Na disposição dos órgãos, a principal inovação é o bicameralismo. O Conselho dos Quinhentos e o Conselho dos Antigos (250 membros), eleitos por sufrágio em dois graus, são renovados por terços. Seus corpos eleitorais são idênticos. As duas câmaras não se distinguem senão pelas condições exigidas de seus membros: 25 anos para os Quinhentos, quarenta anos para os Antigos, os quais devem ser casados ou viúvos. Os primeiros propõem a lei, os segundos votam-na sem emendá-la; segundo Boissy d'Anglas, o Conselho dos Quinhentos será "a imaginação da República", enqaunto o Conselho dos Antigos "será sua razão". Nenhuma das justificativas clássicas do bicameralismo, sociais ou técnicas, prevaleceu; tratou-se apenas de evitar as impetuosidades de uma câmara única; tal desconfiança em relação ao "legislativo" é a grande novidade.

A sinceridade dos constituintes do ano III, na sua vontade de neutralizar o poder, manifesta-se na proibição (destinada a atenuar desvios do caráter representativo) aos membros dos conselhos, bem como aos membros do "executivo", da renovação imediata de seus mandatos.

Em conformidade com as exigências do constitucionalismo republicano, o "executivo" é colegiado e tudo está previsto, além das consideráveis vantagens que lhe são concedidas, para que ele não possa adquirir peso excessivo. O "Diretório executivo" é eleito por cinco anos pelos conselhos "em nome da nação" – os Antigos escolhem conforme uma lista de dez nomes por posto propostos pelos Quinhentos – e renovável por quinto todos os anos. O chefe de Estado e de governo é colegiado: as decisões são tomadas por maioria e a presidência é assegurada, alternativamente, por trimestre. O Diretório beneficia-se de prerrogativas bastante importantes, notadamente na condução dos negócios exteriores; ele nomeia e revoga os ministros e muitos dos funcionários. Contudo, é recusada a ele qualquer verdadeira participação na função legislativa; ele não pode dissolver os conselhos nem – de direito – ser demitido por eles (mas os Quinhentos podem levá-lo como acusado diante da Suprema Corte).
Em conformidade com a lógica do que será chamado mais tarde de "soberania nacional", agiu-se de maneira a que o poder não tivesse nenhum privilégio que permitisse a uma autoridade impor-se às outras. As desilusões de 1791 não bastaram para tornar modesto o constitucionalismo revolucionário: ele continuou considerando-se suficientemente perfeito, assim como as organizações e proceduras que fez triunfar, tornando quase impossível uma revisão.

Tal sistema, gerador de conflitos e ameaçado de paralisia, não é compatível com a gravidade das proposições. Seu estreito conservadorismo salta aos olhos quando, em 1º frutidor ano III (18 de agosto de 1795), os termidorianios previnem-se contra um provável sucesso da direita nas eleições votando o surpreendente decreto dos dois terços: dois terços dos membros dos novos conselhos (quinhentos de um total de 750) deverão ser eleitos entre os convencionais que estão saindo...

A constituição (1.050 mil votaram "sim", 50 mil votaram "não") e os decretos anexos (200 mil "sim", 100 mil "não") são aprovados por referendo. O renascimento da oposição de direita foi facilitado pela política de reação e pelo aumento dos descontentamentos, embora ela fosse muito eclética (resultado da união de realistas e republicanos moderados, além de Luís XVIII, que, no exílio, assumiu posições bastante reacionárias). A oposição adotou como pretexto o decreto dos dois terços para fomentar uma insurreição em Paris; Barras conclamou generais jacobinos: Brune e Bonaparte. Os insurgidos, mal dirigidos, são esmagados (13 vendemiário ano IV, 5 de outubro de 1795). Depois do perigo de extrema esquerda, o perigo realista parece afastado. O regime diretorial pode instalar-se.

III – O Diretório: do compromisso ao golpe de Estado

Os quatro anos de história do Diretório são repletos de contradições. Contradições nascidas de uma constituição capenga; contradições de uma Revolução em busca de uma conclusão que não signifique um enfraquecimento, mas, ao contrário, um fortalecimento.

O programa dos termidorianos que permaneceram no poder era ambicioso: conjurar o perigo realista e reprimir as facções sem tornar a cair no Terror, ressuscitar a indústria e o comércio, trazer de volta a paz. Mas eles não tinham os meios para exercer tal política. O aumento do esforço de guerra se fará em detrimento das forças da ordem. Sacudidos entre uma oposição realista mais ou menos camuflada, virtualmente majoritária no país (por razões sobretudo religiosas), e uma oposição neojacobina cada vez mais ativa, emperrados em dificuldades econômicas aparentemente insuperáveis, os governantes jamais alcançarão a estabilidade e o equilíbrio político. Seu fracasso é flagrante em quase todos os domínios. Em vários aspectos, o novo regime desenvolveu até a caricatura certos defeitos dos que o precederam. Por exemplo, a caricatura de religião revolucionária, com o culto decadário e a "teofilantropia"[102], promovidos por um dos membros do

102. Culto decadário e teofilantropia: sistemas filosóficos e religiosos de inspiração deísta que foram moda entre 1796 e 1801 em oposição ao catolicismo. (N.T.)

Diretório, La Revellière, contrastando com a importância do despertar religioso católico clandestino.

1. **Situação financeira, econômica e social** – Em 1795-1796, a conjuntura é desastrosa. Os cofres do Estado estão vazios. O confisco forçado progressivo sobre os ricos, de dezembro de 1795, resultou numa soma irrisória; a máquina de imprimir dinheiro funciona a pleno vapor; a quantidade de papel-moeda beira 40 bilhões. O valor do *assignat* é inferior ao preço do papel; seu abandono (fevereiro de 1796) e sua substituição, em março, pelo "mandato territorial" nada mudam: em um mês, o mandato territorial perde 90% de seu valor e é também abandonado (fevereiro de 1797). A deflação sucede à inflação. O terrível inverno de 1796 não melhorou as coisas. A penúria torna-se crônica. A miséria popular contrasta com a prosperidade dos novos ricos. Em um clima de especulação e de corrupção que contradiz a exaltação oficial da virtude espartana, o Terror assistiu à constituição de enormes fortunas surgidas por vezes do nada. Sob o Diretório, financistas como Simons e o famoso Ouvrard ostentam posição social elevada, e a atividade bancária readquire grande importância.

É nesse ambiente que Gracchus Babeuf desenvolve os temas de um comunismo agrário e constitui, com Buonarroti e antigos jacobinos, a minoria ativa que pretende exercer uma ditadura provisória. Infiltrada pela polícia, a "Conjuração dos Iguais" chega ao fim em 10 de maio de 1796 com a prisão de seus chefes. Um derradeiro sobressalto babouvista[103] será esmagado em setembro, e Babeuf, guilhotinado no ano seguinte.

A partir do ano V (1796-1797), as dificuldades, até então sobretudo urbanas, transportam-se para os campos. O banditismo – com freqüência matizado de contra-revolução – expande-se enormemente, favorecido pela recusa cada vez maior do alistamento (40% de desertores nas cinco classes chamadas). Deve-se, entretanto, creditar ao regime o mérito

103. O babouvismo era a doutrina social de Gracchus Babeuf (1760-1797), que preconizava a igualdade entre os homens e o trabalho obrigatório para todos. (N.T.)

de ter tentado estabelecer uma política econômica coerente (estímulos à indústria, melhoria da rede rodoviária e fluvial), muito embora a oposição de duas doutrinas – retorno à paz ou economia de guerra – e o desastre monetário tenham paralisado essa tentativa.

Com as vitórias militares e a pilhagem dos territórios ocupados, a situação financeira do Estado melhorou, mas, ainda assim, não se pode evitar a bancarrota oficial de dois terços e a inscrição e a "consolidação" do terceiro restante no Grande Livro da dívida pública (30 de setembro de 1797), pagando-se o preço do restabelecimento – impopular – dos impostos indiretos.

2. **O golpe de Estado permanente** – Foi no âmbito exclusivo da política que o regime diretorial mostrou-se sob seu ângulo mais desagradável. Para manter a estratégia entre uma direita realista, que depois do fracasso do desembarque anglo-emigrado em Quiberon (27 de junho de 1795) e o de 13 vendemiário parecia escolher a via da legalidade eleitoral, e uma extrema esquerda sempre renascente, as autoridades vêem-se condenadas ao endurecimento e aos golpes de Estado repetidos.

Primeiro, o golpe de Estado dado por três dos membros do Diretório, Barras, Reubell e La Revellière, contra dois colegas, Carnot e Barthélemy, em 18 frutidor ano IV (4 de setembro de 1797): com o apoio de Bonaparte, aniquilou, mediante o retorno por um bom tempo das práticas terroristas e anti-religiosas, o esmagador sucesso dos realistas nas eleições legislativas, sucesso que podia abrir caminho para uma restauração monárquica. Novo golpe de Estado em 22 floreal ano VI (11 de maio de 1798): em sentido inverso dessa vez, anulando a eleição de numerosos deputados neojacobinos. Golpe de Estado dos Conselhos contra o Diretório, por último, nos dias 29 e 30 prairial ano VII (17-18 de junho de 1799): revanche do golpe de Estado precedente. A balança pende doravante para a esquerda: reabertura dos clubes, ressurreição dos jornais jacobinos, confisco forçado de 100 milhões dos ricos, voto de uma "lei de reféns", que permite deportar quatro parentes de nobres ou de emigrados em caso de assassinato de funcionário do governo ou de adquirente de bens nacionais. Esse movimento governamental para a esquerda deve-se a uma nova onda realista, de particular amplitude. O Oeste tornou a pegar em armas, e uma insurreição explodiu na região de Toulouse.

Desprovido de apoios sólidos no país, movendo-se em uma espécie de vazio político, o regime do Diretório revelou-se incapaz de reconciliar as duas metades da França.

3. **Os frutos da vitória** – A situação nas fronteiras está mais favorável, o que explica a relativa longevidade do regime.

As vitórias do ano II desfizeram a coalizão. Prússia, Holanda e Espanha resolveram fazer um tratado (abril-julho de 1795). Os sucessos de Bonaparte na Itália obrigaram a Áustria a assinar a paz de campo Formio (17 de outubro de 1797). Só a Inglaterra permaneceu na guerra. Dos dois aspectos da "Grande nação" revolucionária – o da libertação e o da exploração –, o primeiro sequer ainda servia de abrigo para o segundo. A Europa viu florescerem as "repúblicas-irmãs", aliadas da República francesa, com constituições calcadas na sua: República Batava (Holanda), Cisalpina (Itália do Norte), Liguriana (Gênova), depois as Repúblicas Romana, Helvética, Partenopéia (Nápoles)...
Quanto à expedição do Egito, ela permitiu afastar o general Bonaparte, um oficial dotado demais para não constituir um perigo. A ausência do vencedor da Itália é observada no momento em que se forma a segunda coalizão, sempre em torno da Inglaterra. A República que, depois de Avignon e do Comtat (1791), da Savóia (1792), de Nice (1793), da Bélgica (1793-1795), de Maestricht e da Flandres holandesa (1795), de Montbéliard (1796) e teoricamente da margem esquerda do Reno (1797), anexa Mulhouse e Genebra (1798) e multiplica os Estados satélites inquieta mais do que nunca a Europa. Após uma série de derrotas atrozes, os franceses têm que evacuar a Itália, mas as querelas entre aliados, os sucessos de Brune sobre os anglo-russos na Holanda e a vitória de Masséna sobre os russos em Zurique (25-26 de setembro de 1799) permitem reverter provisoriamente a situação.

Tendo em vista o impasse em que se debate o Diretório, cuja queda iminente é prevista por muitos, a arbitragem de um militar prestigioso é cada vez mais invocada. Será Brune? Masséna? É apenas o tempo de Bonaparte abandonar seu exército no Egito e voltar para a França.

Os sucessos militares ou diplomáticos do Diretório não devem mascarar sua impressionante série de fracassos. Além de instituições sólidas, faltava ao grupo "dos que estavam de saída", que controlava o regime em seu próprio benefício, um elemento essencial: a confiança. De 1795 a 1799, o jogo político desenrolou-se afastado das realidades, fato confirmado pelo avanço da abstenção eleitoral. A confiança recuperada carregará o nome de um oficial de passado jacobino: Napoleão Bonaparte. "Cidadãos", proclamarão os cônsules ao submeter a constituição do ano VIII à aprovação popular, "a Revolução está atada aos princípios que deram início a ela. Ela acabou." O golpe de Estado de 18 e 19 brumário ano VIII (9-10 de novembro) não é um golpe de força entre outros; ao mesmo tempo em que dá a uma Revolução aburguesada o ornamento que lhe falta, inaugura a verdadeira estabilização das principais conquistas de 1789. Napoleão, tão consciente das necessidades de longo prazo quanto das novas exigências, saberá levar em conta tanto umas quanto outras. Ultrapassando o Antigo e o Novo de maneira quase dialética, o sistema napoleônico, herdeiro da Revolução, até prova em contrário, impelirá a França para a modernidade.

Conclusão

A distorção entre o radicalismo do projeto revolucionário e a situação do país em suas profundezas atirou a França do final do século XVIII em uma espiral temerária. Em seus primórdios, o fluxo revolucionário alimentou-se de ondas diversas que permitiram falar, em relação a 1789, de "revoluções" no plural. A maioria da constituinte, as multidões parisienses, as massas camponesas movem-se em tempos diferentes. A longo prazo, seus objetivos não podiam deixar de divergir, a começar sobre a questão do liberalismo econômico, caro às elites, abominado pelos menos favorecidos. Ademais, na grande casa do Iluminismo havia diversas moradias e muitas ambigüidades. O jogo ideológico, ao interferir em importantes movimentos populares, acabou simplificado e enrijecido. A junção da questão política e da questão religiosa acabou dando à Revolução contornos de guerra religiosa, transformando em sonho utópico a busca de uma unidade que também fosse unanimidade. Resultou em um imenso traumatismo, alternando a luta dos realistas e dos republicanos com os conflitos da Igreja e do Estado, ou mesmo a guerra do ensino, sem falar – localmente – de velhas rivalidades travestidas de ideologia. A opinião pública assim dividida produziu uma excepcional instabilidade política e constitucional; por dois séculos, nem os regimes mais sistemáticos (impérios, Monarquia de Julho[104]), nem as "uniões sagradas" conseguiram reduzir as fraturas.

Em anos recentes, muitas coisas mudaram. A alternância política de 1981, por exemplo, provocou uma reviravolta na esquerda a respeito da questão constitucional e no domínio econômico. Tais modificações permitiram à maioria dos

104. Monarquia de Julho (1830-1848): o duque de Orléans torna-se rei sob o nome de Louis-Philippe I. Após sua deposição em fevereiro de 1848, instalou-se a 2ª República. (N.T.)

franceses, na ocasião do bicentenário da Revolução, reconciliar-se com sua história.

Uma certa historiografia dita "de direita" conseguiu, há algum tempo, expor fatos durante muito tempo rejeitados do "balanço" da Revolução. Balanço que, sem dúvida, é sombrio em diversos pontos. As terríveis guerras da Revolução e do império, de fato indissociáveis, resultaram em um saldo territorial praticamente nulo. A sangria praticada na população – cerca de 700 mil mortes resultantes de massacres e guerras entre 1789 e 1799, 900 mil em conseqüência das campanhas napoleônicas –, em grande parte no segmento de jovens adultos, pesou bastante sobre o futuro demográfico do país, mesmo sem levar em conta qualquer consideração humanitária: o equivalente a 5,5% da população (em comparação, foram 3,5% em 1914-1918 durante a Primeira Guerra Mundial).

Alguns pontos permanecem muito discutidos. Se não é certo que a França estivesse prestes a alcançar a Inglaterra em 1789, o balanço econômico do período revolucionário é, ainda assim, negativo, incluindo, entre outros, fenômenos de desindustrialização e desastre do comércio marítimo e colonial. A recuperação napoleônica foi insuficiente: em 1815, expandira-se a distância entre a França e uma Inglaterra definitivamente dona dos mares e dominante em todos os circuitos comerciais. A revolução jurídica contribuiu para liberar – às custas de uma miséria notoriamente maior para os mais desfavorecidos – certas forças antigamente obstruídas; porém, não se pode considerar modernizador o desenvolvimento considerável da pequena propriedade agrícola induzido pela Revolução. Ademais, o período revolucionário e imperial parece ter enraizado comportamentos pouco favoráveis ao desenvolvimento econômico, a começar pelo gosto excessivo das elites pelas carreiras na administração pública e do exército. E mesmo que, para os "notáveis" do novo século, o critério do dinheiro tenha substituído o do privilégio, o dinheiro será investido ainda por muito tempo na terra.

De um ponto de vista totalmente diferente, porém complementar, é de se notar o fracasso da Revolução em realizar seu projeto político e social. Até 1875, a França continuou sendo um país de monarquia mais ou menos limitada, mais ou menos liberal. O tecido social, embora modificado pelo choque revolucionário que assegurou uma certa redistribuição das cartas, ainda estava entranhado, em boa parte, numa forma de continuidade com o Antigo Regime, e será preciso esperar os anos 1880, ou mesmo a Primeira Guerra Mundial, para vê-lo se desfazer de maneira sensível. Os países da Europa ocidental tenderam a se alinhar segundo um modelo político-social bastante homogêneo, a despeito de algumas diferenças, e a França não efetuou sua modernização muito mais depressa do que as grandes monarquias parlamentares ou limitadas (ainda dominantes em número e em poder em 1914).

Os sucessos do período não devem, contudo, ser subestimados. Para além de certos lugares-comuns, o balanço científico da Revolução não é negligenciável. A adoção de um sistema decimal uniforme de pesos e medidas foi uma reforma de alcance considerável a longo prazo. Em matéria administrativa, a divisão departamental foi um sucesso histórico que cimentou a homogeneidade territorial do país. Da mesma forma, a lei Jourdan-Delbrel (5 de setembro de 1798), que estabeleceu o alistamento "universal e obrigatório", reforçou o caráter nacional das forças armadas. Em compensação, pode-se ser mais reservado em relação aos aportes artísticos – essencialmente populares (imaginária, pratos pintados) – que não chegam a compensar as destruições. Cada pessoa completará, assim, a seu gosto, a lista de pontos negativos e positivos, ou avaliará, por exemplo, a apreensão revolucionária da questão educativa ou da questão social, de acordo com o padrão das intenções ou realizações, mas o essencial talvez esteja em outro lugar.

Sem dúvida, a Revolução não soube encontrar uma expressão política e social estável, mas o Antigo Regime parecia incapaz, em 1789, de proceder à renovação que se impunha; a ruptura revolucionária constituiu um momento dialético na elaboração de uma síntese, consular e imperial; tal ruptura, ao casar aspectos do antigo e do novo regime, ensejará o nascimento, em vários domínios importantes (essencialmente o Código Civil e a organização administrativa, com seu reverso burocrático), de fórmulas com as quais a França viverá por um século e meio.

Ao lado desse legado indireto, há as páginas heróicas e o título invejado, adquirido pela França moderna, de "país dos direitos do homem". A violação dos direitos proclamados, de modo muitas vezes atroz, não chega a manchar a grandeza do gesto declaratório de 1789 apesar de suas fraquezas, insuficiências e ambigüidades. Sem dúvida, foi por causa da Revolução que a Europa, apesar da expansão das idéias francesas e da marca do Código Napoleão, deixou de ser culturalmente francesa como fora no século XVIII, mas foi por causa dela também que o mundo contemporâneo, de uma certa maneira, tornou-se mais francês do que teria sido sem 1789.

IMPRESSÃO:

GRÁFICA EDITORA Pallotti
IMAGEM DE QUALIDADE

Santa Maria - RS - Fone/Fax: (55) 3220.4500
www.pallotti.com.br